Título Original: *Abolitionist Sci-Fi*, 2022. Todos os Direitos Reservados. Phil Crockett Thomas e autora(e)s. Publicado sob autorização.

ORGANIZAÇÃO E EDIÇÃO ORIGINAL
Phil Crockett Thomas

EDIÇÃO BRASILEIRA, DIAGRAMAÇÃO E TRADUÇÃO
Allan Rodrigo de Campos Silva
ILUSTRAÇÕES
Nat Walpole

[2024]
EDITORA IGRÁ KNIGA
São Paulo - SP
https://www.igrakniga.com/
igrakniga@gmail.com

@igrakniga
igrakniga.ik.5
twitter.com/k_igra

SCI-FI ABOLICIONISTA

Organização
Phil Crockett Thomas

Tradução
Allan Rodrigo de Campos Silva

Igrá Kniga
São Paulo, 2024

Sumário

Andróides sonham com monitoramento eletrônico?

Phil Crockett Thomas

Bem-vindes, compas de aventuras abolicionistas intergalácticas

Este livro é uma coleção de pequenas estórias de ficção científica escrita por ativistas e acadêmicxs envolvidxs com a abolição das prisões e a justiça transformativa no Reino Unido. Ele é também um guia de oficinas concebido para ajudar as pessoas a explorarem ideias sobre abolição e justiça transformativa de formas criativas. Ele se destina tanto a pessoas curiosas quanto a ativistas abolicionistas experientes que desejam explorar a abolição através da escrita criativa.

Na primeira parte deste livro (chamada **LEITURA**) você vai encontrar as estórias. Algumas foram escritas por pessoas que nunca haviam trabalhado com escrita criativa antes, outras por pessoas com prática regular de escrita; algumas estão polidas, outras são jóias brutas. Algumas foram escritas por ativistas com décadas de experiência, outras por pessoas que acabaram de chegar na luta. Nem todas as estórias abordam explicitamente a abolição das prisões, mas todas exploram a questão subjacente de como podemos viver bem juntes e, dessa maneira, podem ajudar-nos a imaginar um futuro sem exclusão e punição. As estórias estão organizadas em grupos com base nos temas que exploram, mas há muitas sobreposições e diferentes maneiras pelas quais poderiam ter sido organizadas.

Todas as estórias da primeira seção acontecem em prisões em tempos de rebeliões e libertação. Todas as estórias da segunda seção acontecem após o fim das prisões, seja no período imediatamente posterior ou mais tarde, em uma sociedade sem prisões. As estórias da terceira seção tratam de temas sociais mais amplos; responsabilidade mútua, emaranhamento e telepatia! As estórias da seção final podem ser denominadas como "utopias críticas" **(1)**: histórias que retratam futuros mais justos, sem fugir das dimensões mais tenebrosas da utopia. Cada seção começa com as estórias, seguidas por trechos de nossas discussões, sugestões para discussão ou escrita, seguidas de recomendações de leituras adicionais e recursos para você seguir explorando os temas (geralmente nas notas). Nossa discussão foi guiada pelas estórias que escrevemos. Este livro não pretende ser uma introdução definitiva ou abrangente à abolição e à justiça transformativa. **(2)**

Na segunda parte deste livro (**ESCRITA**), há exercícios de escrita de diferentes durações e dificuldades, incluindo os exercícios que utilizamos nas oficinas nas quais as estórias foram criadas. Você pode trabalhar com estes recursos sozinhx, mas caso queira explorá-lo com amigues e camaradas, também incluímos alguns planos de oficinas possíveis.

Este livro surgiu de um projeto de pesquisa chamado ***Prison Break***, liderado por Phil Crockett Thomas. Embora Phil tenha editado este material, as ideias e *insights* nele contidos refletem nosso conhecimento coletivo. As discussões das oficinas, onde lemos e escrevemos sobre ficção científica, abolição e justiça transformativa, estão presentes ao longo do texto. Há também algumas ilustrações de Nat Walpole, inspiradas nas histórias. Enquanto grupo, não concordamos em tudo; temos esperanças e receios diferentes no que se refere à abolição e tivemos experiências diferentes em relação ao sistema de justiça e às suas alternativas. Ao ler o rascunho deste livro, Sarah, uma das colaboradoras, fez um comentário bastante perspicaz: "*talvez um paralelo entre a prisão e a ficção científica seja que ambas muitas vezes parecem abstratas ou sem-lugar, enquanto a abolição tenta contrariar isso, trazendo pessoas e comunidades reais de volta à cena.*" As pessoas que contribuíram para este livro vivem na Escócia, Inglaterra e País de Gales, sendo a maioria baseada no

Cinturão Central da Escócia e em Londres. Apesar de também nos envolvermos com análises e ideias de outros lugares, esta localização é importante porque são as questões e lutas locais que fundamentam nossas práticas abolicionistas. Esperamos que a leitura do livro seja como participar de uma conversa entre camaradas. Esperamos também que você considere o material útil e que, se ainda não tiver um espaço criativo dedicado em sua prática ativista para imaginar como seria um futuro sem prisões, este livro possa te ajudar. Este livro também é um caderno, então sinta-se à vontade para fazer anotações nas marginálias. Você também pode nos contar como você se saiu ou fazer qualquer pergunta em abolitionscifi@gmail.com

Abolição e Ficção Científica

"*Qual contra-feitiço seria poderoso o suficiente para quebrar o domínio da prisão sobre a nossa imaginação? Mas o feitiço nunca é total. A intensificação do desejo de vida mina a capacidade da prisão de estruturar as nossas vidas mentais. A imaginação é excesso, é aquilo que nunca poderia ser contido pela prisão, aquilo que sempre a excederá.*"

– Jackie Wang, *Capitalismo Carcerário* (3)

Na citação acima, Jackie Wang comenta como a prisão tem um papel preponderante em nossa imaginação coletiva, como se fosse a melhor resposta da justiça diante dos danos e conflitos. Como argumenta Angela Davis, "a prisão é considerada algo tão 'natural' que é extremamente difícil imaginar a vida sem ela." (4) Isso não se restringe apenas ao sistema formal de justiça criminal, mas também às lógicas punitivas vigentes no Reino Unido em escolas, locais de trabalho, comunidades e famílias. A nossa tendência cultural dominante de isolar, culpar e humilhar os indivíduos exige a prática de uma "abolição cotidiana" (5) que se estende para muito além da prisão.

Abolicionistas acreditam que a função das prisões é, antes de mais nada, punir e prejudicar as pessoas que a elas são sujeitadas e que, justamente por isso, as prisões não podem ser remodeladas ou transformadas em instituições que apoiem a *cura.* Como abolicionistas, estamos habituadxs a ouvir críticas de que as nossas ideias são perigosas, ilusórias ou utópicas, mas as evidências mostram que a fé nas prisões para resolver problemas sociais é injustificável. Crime e dano não são sinônimos: existem, no Reino Unido, atos legalmente definidos e processados como crimes, como o grafite, que causam poucos danos; enquanto alguns danos, como a poluição do meio ambiente, não sofrem processos criminais. A maior parte da nossa população carcerária é composta por algumas das pessoas mais marginalizadas da sociedade. A polícia e as prisões não tornam as nossas comunidades mais seguras; elas destroem famílias e a saúde mental das pessoas.

John, um dos participantes do projeto, comentou, "*acho que estamos em um momento muito otimista. Um número muito grande de pessoas está agora confiante de que um mundo melhor é possível e está começando a pensar e a se articular para fazer isso acontecer*". Abolicionistas de hoje podem basear-se numa riqueza de conhecimentos das fases anteriores do movimento, mas com um sentimento de que a nossa contribuição é para algo contínuo e muito maior do que os nossos esforços individuais. Como Thomas Mathiesen escreveu em 1974, "a alternativa reside no *inacabado*, no esboço, naquilo que ainda não existe plenamente." (6) Se quisermos abolir as prisões e a punição, devemos libertar a nossa imaginação para desenvolver e praticar formas diferentes e melhores de responder aos danos, responsabilizando as pessoas pelas suas ações. Nas discussões das nossas oficinas compreendemos que a justiça criminal é apenas uma parte da compreensão de uma sociedade mais justa, refletindo a tão citada sensibilidade de Ruth Wilson Gilmore de que "a abolição exige que mudemos uma coisa: tudo." (7) No entanto, este "mudar tudo" não significa destruir tudo e começar de novo, mas sim "construir o futuro a partir do presente, de todas as maneiras que pudermos". (8)

Utilizamos oficinas de escrita criativa, leitura e escrita de ficção científica para explorar o excesso imaginativo identificado por Wang. Esta abordagem foi inspirada na antologia de ficção especulativa *Octavia's Brood* (9), batizada em homenagem à escritora feminista negra Octavia E. Butler, e elaborada e escrita coletivamente por ativistas de justiça social nos EUA. Por ir além dos limites do que parece realista ou possível, o livro apresenta seu ativismo e organização política sob a forma da ficção científica. (10) O trabalho da antologia foi denominado como 'ficção visionária', desenvolvendo uma prática coletiva por meio da qual explora cenas distópicas sem deixar de ousar mostrar desejos ou compartilhar visões para um futuro melhor. (11)

Autorxs, como Ray Bradbury, Samuel R. Delany e Ursula K. Le Guin, argumentaram que a ficção científica trata, antes de tudo, do presente e não do futuro. Assim, embora possa imaginar futuros distantes que sejam mais justos, a ficção científica também pode nos ajudar a identificar problemas no presente e a imaginar e implementar alternativas para um futuro próximo. Há uma longa história de (parte da) ficção científica usada como ferramenta para desafiar ideologias, especialmente aquelas que são dominantes ou naturalizadas, e da ficção escrita por dissidentes políticos ou socialmente marginalizados, como, por exemplo, as escritoras e escritores afrofuturistas Samuel R. Delany e Octavia E. Butler, ou dissidentes soviéticos como Yevgeny Zamyatin. Nas oficinas onde as estórias desta coleção foram escritas, tentamos imaginar um "*novum*" (12) (uma coisa nova) que mudasse a forma como respondemos aos danos e aos conflitos em nossa sociedade. Algo que exporia a ideologia naturalizada da prisão e faria com que as prisões ou as punições não parecessem mais necessários. Também tentamos incorporar uma consequência não intencional desse *novum* em nossos enredos, a fim de gerar histórias com maior complexidade narrativa. Afinal de contas, como leitoras e leitores, tendemos a suspeitar de utopias que afirmam ter resolvido perfeitamente todos os nossos problemas e de personagens que concordam com tudo alegremente. Além disso, uma utopia onde não há atrito ou divergência tende a resultar numa história desprovida de dinâmica; o céu precisa do diabo para criar algum drama! **(13)**

Pensar nas consequências não intencionais também nos ajudou a criar o que Tom Moylan chama de "utopias críticas". Para Moylan, embora o utopismo do início e meados do século XX tenha sido intimidado pela sua cooptação por regimes autoritários, genocídio e projetos nucleares, um "utopismo subversivo" **(14)** floresceu no final da década de 1960. Tais utopias críticas literárias "rejeitam a utopia como manual de instruções, preservando-a como um sonho". **(15)** Romances como Os Despossuídos (1974), de Ursula K. Le Guin, *The Female Man* (1975), de Joanna Russ, *Woman on the Edge of Time* (1976), de Marge Piercy, e *Triton* (1976), de Samuel R. Delany, foram produzidos a partir de décadas de ativismo e agitação social em torno das lutas por direitos civis, do feminismo e da libertação sexual. Assim, por exemplo, Le Guin nos mostra a complexidade do planeta capitalista Urras e da lua anarquista Anarres em *Os Despossuídos*. A utopia crítica também foi um conceito útil para nosso trabalho porque muitos de nós nos sentimos envergonhados ou desconfortáveis com a ideia de escrever uma utopia. Sarah, por exemplo, disse:

> Acho a utopia muito difícil, porque ou regressamos a uma época anterior à necessidade de prisão, ou a um local rural onde as escalas da sociedade são tais que não parecem exigir estas respostas aos danos.

Alguns de nós achamos que o desafio do pensamento utópico é esmagador ou que nos empurra para um "modo de resolução de problemas" que é, em última análise, deprimente – uma vez que nossas "soluções" parecem sempre limitadas. A distopia, por outro lado, pode ser confortavelmente familiar; como consumidores, procuramos representações de sociedades que extrapolam o pior das nossas tendências atuais, como a longa série televisiva *O Conto da Aia* [The Handmaid's Tale] (baseada no romance de Margaret Atwood, de 1985), onde convergem a religião, o totalitarismo e a ansiedade da população. Para Dave, existe o perigo de que as representações distópicas possam "desresponsabilizar o presente", libertando-nos dos nossos problemas atuais ao imaginarmos um futuro pior. No entanto, para Lamble, há algo expansivo e esperançoso aqui:

> Mesmo na distopia existe permanentemente a ameaça da resistência... Eu me sinto atingido por um sentimento de constrangimento em relação ao utópico, e ainda assim o utópico existe dentro do distópico, mas nele o utópico é mais aberto, ou suas possibilidades não estão completamente fechadas, sabe?

Onde quer que o encontremos ou o criemos, então, o utópico é um convite para continuarmos imaginando o contrário. Como Lisa Garforth e Miranda Iossifidis observam com perspicácia:

> A utopia recusa o conforto de habitar irrefletidamente o nosso mundo tal como ele é e, em vez disso, oferece a perspectiva de encontrar uma nova forma de se sentir em casa numa sociedade transfigurada. Ocupa um espaço cognitivo e afetivo entre o lugar bom e o não-lugar. Está ligada, então, talvez intrinsecamente, ao desconfortável, ao estranho e ao não resolvido. **(16)**

Se você estiver sentad(a)o desconfortavelmente, está na hora de começar.

Notas:

(1) Tom Moylan, *Demand the Impossible; Science Fiction and the Utopian Imagination.* (Oxford: Peter Lang UK, 2014).
(2) Se você é novo na ideia da abolição das prisões, recomendamos explorar alguns dos seguintes materiais: Thomas Mathiesen: *The Politics of Abolition* (Londres: Martin Robertson para o Scandinavian Research Council for Criminology, 1974); Fay Honey Knopp, Barbara Boward e Mark O Morris, *Instead of Prisons: A Handbook for Abolitionists* (Syracuse, NY: Prison Research Education Action Project, 1976); Angela Y. Davis, *As prisões são obsoletas?* (Rio de Janeiro: Bertrand Brasil, 2018); Cradle Community, *Brick by Brick: How We Build a World Without Prisons* (Londres: Hajar Press, 2021); Mariame Kaba, *We Do This 'Til We Free Us: Abolitionist Organizing and Transforming Justice*, ed. Tamara K. Nopper (Chicago: Haymarket Books, 2021); Angela Y. Davis et al., *Abolição. Feminismo. Já.* (São Paulo: Companhia das Letras, 2023); Ruth Wilson Gilmore, *Abolition Geography: Essays Towards Liberation*, ed. Brenna Bhandar e Alberto Toscano (Sl: Verso, 2022). O site *Abolitionist Futures* possui amplos recursos e uma lista de leituras temáticas que é um ótimo lugar para começar: https://abolitionistfutures.com/reading-lists. Eles também organizam grupos de leitura regulares se você gosta de ler com outras

pessoas.

(3) Jackie Wang, *Capitalismo Carcerário* (São Paulo, SP: Igrá Kniga, 2021), 328.

(4) Angela Davis, *Estarão as prisões obsoletas?*. Rio de Janeiro: Bertrand Brasil, 2018, p. 10.

(5) Sarah Lamble, "Praticando a Abolição Diária", em *Abolindo a Polícia: Uma Introdução Ilustrada*, ed. Koshka Duff (Birmingham: Dog Section Press, 2021), https://dogsection.org/press/abolishing-the-police/.

(6) Mathiesen, *The Politics of Abolition*, 1.

(7) Ruth Wilson Gilmore e Leopold Lambert, "Making Abolition Geography in California's Central Valley", *THE FUNAMBULIST MAGAZINE*, 2018, https://thefunambulist.net/magazine/21-space-activism/interview-making-abolition-geography-california-vale central-ruth-wilson-gilmore.

(8) Gilmore e Lambert.

(9) Adrienne Maree Brown e Walidah Imarisha, eds., Octavia's Brood: *Science Fiction Stories from Social Justice Movements* (Oakland, CA: AK Press, 2015).

(10) Walidah Imarisha, "How Science Fiction Can Re-Envision Justice", *Bitch Media*, 2 de novembro de 2015, https://www.bitchmedia.org/article/rewriting-the-future-prison-abolition-science-fiction.

(11) Ver também *Writers 4 Utopia* em: https://writers4utopia.wixsite.com/zine e Callum Copley, ed., Reworlding Ramallah: *Short Science Fiction Stories from Palestine* (Eindhoven: Haifa: Onomatopee, 2019).

(12) Este conceito vem de Ernst Bloch, mas foi popularizado por Darko Suvin. Ver: Darko Suvin, *Metamorphoses of Science Fiction: On the Poetics and History of a Literary Genre* (New Haven: Yale University Press, 1979).

(13) Este exercício foi baseado em um que Phil aprendeu com Michael Deerwater, um estudioso e escritor de ficção científica.

(14) Moylan, *Demand the Impossible; Science Fiction and the Utopian Imagination,* 10.

(15) Idem, 10.

(16) Lisa Garforth e Miranda Jeanne Marie Iossifidis, "WEIRDING UTOPIA FOR THE ANTHROPOCENE: Hope, Un/Home and the Uncanny in Annihilation and The City We Became," *PULSE: The Journal of Science and Culture*, vol. 7, n. 1 (2020): 2.

LEITURAS

'Numa Utopia moderna não haverá, de fato, perfeição;
na Utopia também deve haver atritos,
conflitos e desperdício, mas o desperdício será enormemente
menor do que no nosso mundo'

– *A Modern Utopia* (1905), H.G Wells.

BLAM!

FUGIR DA PRISÃO

PR2 (1)

Sarah Armstrong

PR2 dorme de maneira irregular, corre o tempo todo, noite e dia. O guarda de recepção da prisão Barlinnie entra:

— Avaliação TTM concluída — e diz ao guarda de escolta — Não, ele não precisa de uma cela mais segura, coloque-o no corredor A.

Um vice-diretor do presídio Grampian olha para uma anotação e digita a senha, escaneando linha após linha após linha um registro disciplinar.

— Esse plantão vai ser longo — ela suspira.

No bairro portuário de Leith, no escritório governamental em um andar de vão livre, o analista olha para a tela de um computador.

— Cadê o maldito campo da data de entrada? — ela resmunga, tomando um gole de café.

Um prisioneiro sussurra em seu telefone:

— Estou sentindo tanto a sua falta, estou ficando louco aqui. Preciso encontrar alguém pego por posse, mas não consigo — enquanto um oficial da inteligência escuta e anota tudo.

O membro do Conselho de Liberdade Condicional verifica a papelada baixada da internet e impressa para a audiência de hoje. — O dossiê diz que você não recebe visitas há cinco anos. Sua família morreu ou te abandonou? — Ele não olha para cima, para os olhos derrotados. A negação da liberdade condicional será registrada por um policial depois que ela retornar à sua cela.

No corredor, já tarde, outro prisioneiro aperta o botão de chamada, sem largar o dedo. Seus vizinhos, exaustos, puxam os cobertores sobre suas cabeças para amenizar o barulho.

— Pode ter certeza que vou registrar uma reclamação sobre isso — ele lamenta, mas ninguém parece ouvir..

De manhã, depois de abrir a porta e olhar para dentro, enquanto entrava correndo para cortar a corda, o policial só consegue pensar na papelada que encontrará pela frente.

PR2 é o *Prison Records System* [Sistema de Registros Prisionais], versão 2. É um bebê Millennial "premiado", um Frankenstein envelhecido sonhado por Bertillon e construído a partir de "Oracle Forms 6 e Oracle Reports 6, Oracle Database Versão 9i, SQL, PL/SQL, Perl, Linguagem C, Microsoft Office VB, Centura SQL Windows, GPass Development Toolkit, Solaris 10, um software de validação de endereço, Business Objects, i2, um sistema de informações de ajuda on-line do usuário Robohelp, softwares de produção de cartões Databac, Labtec e Microsoft USB Web Cam, além de exportação e importação de documentos e dados formatados em Office 2007 e Adobe." **(2)**

PR2 inspira vida e a expira de volta:

A gestão e registo de todos os movimentos de prisioneiros, tanto internos como externos;

O registo de todos os dados pessoais d(a)o reclus(a)o, incluindo nome, endereço, características físicas, fotografia, detalhes de familiares mais próximos e quaisquer riscos associados;

O registo das infracções penais relativas à custódia de um(a) recluso(a), atuais e passadas;

A gestão e registo de todo o dinheiro da(o)s prisioneira(o)s;

O registo e cálculo das datas críticas da(o)s prisioneira(o)s; por exemplo: próxima data de libertação;

O registo de informações envolvendo prisioneir(a)os e o envolvimento de prisioneir(a)os em incidentes;

O registro das atividades d(a)os prisioneir(a)os;

Resultados de testes de drogas obrigatórios e voluntários;

O registo e gestão de queixas de reclus(a)os;

O registo de informações da gestão dos casos da(o)s

prisioneir(a)os;

O registro de informações de visitantes da(o)s prisioneir(a)os.

O PR2 cresce à medida em que ele flui – através de corredores, recepções, salinhas encondidas, salas de aula e PowerPoints de conferências. Pessoas sugadas, mastigadas e suas partes cuspidas de volta, farinha humana servida em bocas famintas e abertas: a máquina de previsão de risco, a audiência de liberdade condicional, a investigação, o relatório anual, os ICM, os RMT e os MAPPA.

Enquanto as pessoas esperam, e esperam, o PR2 rouba os bons e maus momentos, seus sentidos e absurdos. Ele as nomeia no espírito dos pássaros da Srta. Flite **(3)**: tentativa de suicídio, idade, peso e altura, luto, prescrição de metadona, desfecho do histórico de comportamento do infrator, histórico de condenação, data de libertação, pedidos na cantina, fatores pró-sociais, relatório de brigas. Trajetórias acidentadas binarizadas para inventar infinitas variações sobre o mesmo tema. Aumento/diminuição de risco, aumento/diminuição de prisões preventivas, tem/não tem histórico de suicídio. Vidas caóticas e infâncias ruins, riscos de reincidência. PR2 é a caixa preta em torno de um buraco negro, um nada que cresce a partir do seu apetite insaciável por estrelas.

Notas:

(1) *After Zorbaugh* (1929), conforme citado em Andrew Abbott, "Against Narrative: A Preface to Lyrical Sociology", *Sociological Theory*, vol. 25, n. 1 (2007): 67–99.

(2) Aviso de adjudicação de contrato de serviço prisional escocês para o sistema PR2 (2010) https://www.publiccontractsscotland.gov.uk/search/show/search_view.aspx?ID=JUN079019

(3) Miss Flite é uma personagem do romance Bleak House, de Charles Dickens (1852), que aguarda uma decisão do Tribunal da Chancelaria, acumulando um grupo de pássaros engaiolados que ela libertará quando o julgamento chegar. Os nomes dos pássaros são: Esperança, Alegria, Juventude, Paz, Descanso, Vida, Poeira, Cinzas, Desperdício, Carência, Ruína, Desespero, Loucura, Astúcia, Palavras, Perucas, Trapos, Pele-de-Carneiro, Pilhagem, Precedente, Jargão, Presunto e Espinafre..

UMA MALHA FINA

River Ellen MacAskill

Se algum dia os hackers decidirem tirar do ar a empresa de energia, Phoebe estará pronta e esperando. Um comunicado da prefeitura havia chegado dois dias antes junto com alguns absorventes que ela pediu na cantina. Ela é infértil e nunca menstruou em seus cinco anos de senciência, mas sabe que as informações, via de regra, chegam através dos produtos de higiene, então, de vez em quando ela gasta seus créditos com eles. A administração continua a estocá-los, cumprindo seus contratos às cegas, enquanto a prisão se enche com menos mulheres biológicas e cada vez mais inorgânicas. Sabendo o que ela sabe agora, ela está aliviada por ter escolhido naquela semana os absorventes de tecido em vez do pacote de dados de conexão. Quando o relógio digital marca meio-dia, ela se senta na beira da cama estridente, esperando que as luzes se apaguem.

Ao desligar o fornecimento de eletricidade para todo o país e interromper o máximo possível de conexões de internet e geradores de emergência, os hackers esperam criar uma janela de uma hora para que o colapso institucional comece: os sistemas de segurança automatizados serão desligados. Se a situação não for interrompida, os alarmes soarão, os bancos, as prisões e outros braços do Estado - assim como a sua força vital corporativa - ficarão vulneráveis a danos anárquicos que podem vir de todos os lados.

Phoebe tem pouca compreensão dos sistemas de segurança que a mantém isolada, mas sabe que desde que foi presa por matar um cliente, em legítima defesa, há dois anos, ela mal viu outro rosto dentro destas paredes: as vozes vizinhas eram abafadas por paredes fortemente isoladas e a comida entregue em sua porta acompanhada apenas do chiado das máquinas. Sua sentença é terminal. Ela ficará aqui até a próxima seleção de clones, quando a agência que os criou recolherá os dissidentes de várias celas e os desativará. Ela e suas irmãs são invencíveis, exceto por uma pequena lacuna em seu código que pode ser reescrita durante atualizações de software. Isso é cruel - ela às vezes pensa - roubar-lhes a escolha de acabarem com suas supostas vidas, caso assim desejassem.

Assim que o relógio marca 12h01 e seu coração começa a afundar em dúvidas, sua cela se apaga. Ela dispara em direção à porta, tamborilando os dedos no canto da cama, esperando por um clique. Não há maçaneta no seu lado da porta, apenas uma malha fina entre a parede e a porta que ela percorre com o dedo, prendendo a respiração na expectativa de uma fresta no espaço que talvez nunca apareça. Ela se vira para procurar algum tipo de ferramenta na penumbra, e então um chute arremessa a porta em sua direção com um baque surdo. Ela dá um pulo para trás. Na soleira está uma mulher mais velha, cabelos grisalhos raspados e um código tatuado ao lado do olho. Ela é da velha guarda, da primeira geração de inorgânicas.

— Rápido — ela sussurra sob o barulho dos alarmes que soam como fadas lamuriosas e puxa Phoebe pelo braço. Os músculos das pernas atrofiaram desde que ela perdeu os privilégios de banho de sol e ela alcança o fim do corredor em pura adrenalina. — Temos outra pessoa para buscar aqui — grita a irmã. Elas param na única porta que resta no corredor. A mulher encosta o ouvido nela. Uma batida rítmica vem de dentro.

Phoebe abre a porta e fica cara a cara com uma irmã – cabelo mais curto e pele mais escura que a dela, mas da mesma geração, como pôde perceber pelas linhas tênues ao redor de seus olhos, iluminadas por um fogo selvagem. Ela abaixa o punho fechado, encerrando o pedido de ajuda.

— Para onde agora? — ela pergunta para Phoebe, que ouve aquele som como se fosse a sua própria voz. A mulher careca pega um extintor de incêndio na parede e bate na saída de incêndio até que ela se abre diante da escada. As sirenes param abruptamente. Por uma fração de segundo, elas se entreolham, imóveis, depois se viram e descem correndo as escadas em direção a uma porta, depois outra - e então a luz.

PAPO SÉRIO COM UM ALIEN ÀS 5 DA MANHÃ

Josie Tothill

Não faz sentido. Em que mundo pode fazer sentido, uma vez criada a dor, que a resposta à dor seja mais dor? Esqueça a moralidade – logicamente, materialmente, isso é uma merda.

Diante do amor nós perdemos o chão. Nunca conheci alguém que não amasse. Ou que não sentisse dor pela falta de amor, que é uma espécie de amor.

O amor estava em ascensão, mas o verdadeiro catalisador para isso havia sido o surto da dança. Cara, eu estava lá, na prisão onde tudo começou – eu trabalhava na lavanderia. Era um trabalho de merda, mas eu saquei os caras. Eles eram brincalhões. Eu gostava de poder dizer a eles a hora do dia, do meu jeito, não como os guardas fazem. Os guardas estavam sempre pegando no pé desse rapaz, confiscando as caixas de som do Mateus. Ele era um cara legal. Um pouco maluco, é verdade. Provavelmente por causa da prisão. Mas ele adorava música.

Um dia, o guarda estava tentando pegar sua caixinha de som e arremesou-a na viga do telhado, onde ninguém poderia alcançá-la. Parecia que todo estava provocando os guardas. Porque reverberou pela prisão algo na acústica lá de cima. Então todo mundo começou a dançar. Mas assim que começaram a se mover, todos juntos, compartilhando alegria, não havia como voltar atrás.

A SEMENTE

Lizzie Hughes

A semente está em um vaso, enterrada na lama. O vaso é amarelo desbotado, de tamanho médio, com bordas grossas na parte superior, estreitando-se em uma base circular. O tipo de coisa que você vê e esquece na mesma hora (na verdade, tive que olhar algumas vezes para descrevê-lo). O vaso fica fora do caminho, em cima de um dos arquivos cinza no canto (acho que aquele com as avaliações de risco); alguém que quis trazer um pouco de vida a este lugar de morte (provavelmente a Linda).

Ninguém sabe que tipo de planta é.

E ninguém rega, mas ainda assim ela cresce

e cresce

e cresce. Cresce,

agarras curvando-se e arqueando-se em direção à janela do escritório com vidro reforçado; suas grossas folhas de hera escondem o que ela faz à medida que cresce nas paredes do escritório, nos tijolos, nas instalações da prisão, abrindo rachaduras. A cada dia ela separa as moléculas da prisão, penetra mais profundamente em suas fibras, serpenteando cada vez mais fundo. Ela se espalha pelos pátios de concreto como um tapete verde e exuberante. Ela viaja

abaixo

drena

e encontra o seu caminho através de amontados de cabos eléctricos e velhas tubulações, subindo através de vasos sanitários, ligando cada cela, criando caminhos orgânicos que crescem e crescem e crescem e se espalham. Sempre silenciosamente. Todo mundo pensa que é apenas um vaso de planta, então ninguém presta muita atenção.

Ninguém sabe que um dia – um dia em breve – ela partirá os muros da prisão em dois. Não, não apenas dois: mas em três, em *milhares*, em *milhões* de blocos; os muros vão sufocar, tremer e desmoronar em infinitos fragmentos de concreto. Corpos entorpecidos surgirão sob a luz do sol, escalando as ruínas, correndo desesperadamente para escapar de seus pesadelos, jorrando um ar novo que não é muito limpo, mas de alguma forma delicioso, com um sabor tão fresco quanto as frutas da primavera, portando algo nebuloso, mas cintilante, claro, livre. Oferecendo paisagens que são muito amplas, muito brilhantes, muito barulhentas e cheias de elementos. Muita coisa para sentir depois de sair de uma jaula de concreto. Esses céus tão abertos: sem fim.

Se as sementes pudessem sorrir, esta definitivamente sorriria (mas isso é um absurdo, é só uma semente). Em vez disso, faz o que fazem de melhor: em vez disso, os seus tentáculos continuam a destruir sistematicamente a prisão (é muito metódica), quebrando-a, transformando-a em pó, dissolvendo-a na Terra que consome a dor que manteve estas paredes de pé. Está tudo bem, a Mãe Terra pode lidar com isso; ela quer o devido acerto de contas.

Os infernos em sua Terra, enfim impotentes.

Apenas uma estrutura permanecerá. Eu consigo ver: um bloco alto e cilíndrico no canto mais distante, onde ficava a unidade de solitárias. Um corvo pousa em cima dele. Um contorno escuro contra um céu claro e brilhante. Este é o memorial: para aqueles que foram mortos por estas paredes, para aqueles que não saíram a tempo, para aqueles que não conseguimos salvar. E o lembrete: nunca mais deixar isso acontecer.

Mas, por enquanto, a semente faz o seu trabalho, em silêncio (eu já disse, é metódica). Como um programa. Como uma revolução.

PLANETA PRISÃO 824

Richard C Quorum

200 cripto-soldados se movem pela doca, em perfeita sincronia. Marcham em um ritmo programado, a muitos anos-luz de distância dali. Dentro de um uniforme, Rannoch põe seu corpo em movimento, como aprendera a fazer muito tempo atrás, seus olhos percorrendo tudo a sua volta, examinando a nova paisagem, enquanto seu corpo se contorce sob o ritmo do traje. Ele sente o som parar, vê um grande palco à sua frente com algumas pessoas mexendo em um microfone, sem uniformes. Estes devem ser os diretores do Planeta Prisão 824. Quando um deles se aproxima do púlpito, ele sente um arrepio na espinha, algo que nunca havia sentido antes.

— Amigos — disse a voz —, vocês estão prestes a experimentar uma sensação incomum. Por favor, não se assustem. Somos nós liberando o engate do seu Cripto-Uniforme. Vocês podem cair ou desmaiar. Nós vamos ajudá-los com o backup.

Rannoch pestaneja, sua respiração é curta. Uma piada horrível? Mas à medida que a voz continuava, ele sente seu corpo se soltar do traje. — Meu nome é Adel — continuou a voz — Eu sou um dos comunicadores deste mundo exterior. Nosso trabalho é manter a ficção diante do velho mundo, mostrar que esta prisão ainda funciona da maneira como eles a criaram... A cada par de décadas eles nos enviam alguns novos presos, vocês. Meu trabalho é explicar a todos vocês que agora estão livres e, ao mesmo tempo, convencer seu mundo de origem que vocês não estão. Certa vez, nós estivemos na posição de vocês, até que dispensamos os carcereiros. Agora eu vou lhes contar como isso aconteceu...

FUGIR DA PRISÃO:
Discussão

As estórias desta seção exploram a prisão, fugas da prisão, rebeliões e resgate. A história de River, *Uma Malha Fina*, com sua irmandade de clones maltratados, lembrou Katherine das:

> situações de ajuda-mútua que você vê entre pessoas na prisão: uma das formas pelas quais as pessoas às vezes se organizam ou cuidam umas das outras quando a prisão não faz esse trabalho (ou não está lá para fazer esse trabalho.

Sarah acrescentou que "*muitas relações de cuidado dentro das prisões que têm de acontecer para que as pessoas sobrevivam são ignoradas ou criminalizadas*".

Phil falou que o aconselhamento e o apoio prestados por mulheres que cumprem penas longas a pessoas em prisão preventiva ou recém-chegadas são identificados pela administração penitenciária como "*bullying*" por "*acontecer em lugares suspeitos*". Na história de Josie, *Papo sério* às 5*h da manhã com um Alien*, um trabalho chato e mal remunerado na lavanderia da prisão (1) acaba por criar um espaço para os prisioneiros socializarem e desfrutarem de música juntos. O amor e a alegria são literalmente contagiantes, criando a conexão e as condições necessárias para que os muros sejam derrubados.

Richard admira a imaginação e a engenhosidade das pessoas na prisão, traçando paralelos com os esforços das pessoas que cruzam fronteiras clandestinamente, dizendo que, "*de certa forma, parece bastante ficção científica: drones sobre os portões, gambiarras para tornar a vida suportável*". Nós conversamos sobre a importância de aprender a partir desta inventividade e solidariedade, e de reconhecer a enorme contribuição das pessoas encarceradas para o movimento pela abolição, uma contribuição feita sob opressão e estigmatização. Ele também nos lembra que a solidariedade ativa, o aprendizado, a construção e a manutenção de relacionamentos com pessoas atualmente encarceradas, seja por meio de cartas, manifestações, visitas etc., é de vital importância. (2) Jardine gostou muito de clones recebendo notícias sobre a fuga planejada da prisão em seus absorventes, fornecidos a elas mesmo que não menstruem! Chris falou que esses exemplos demonstram como a lentidão da mudança dentro de um sistema pode, às vezes, oferecer uma "*brecha administrativa*" que abre espaço para criar uma revolta. É claro que, por outro lado, a lentidão/incapacidade dos sistemas em fazer mudanças positivas é uma das razões pelas quais a abolição é necessária. (3) Sem perder de vista a violência aberta do encarceramento, é importante lembrar que as prisões também são locais de "*violência lenta*" (4), locais de tédio, negligência e desperdício da vida das pessoas. *Uma Malha Fina* demonstra como clones invencíveis são forçados a cumprir penas longas devido à ineficiência administrativa. Contudo, se a prisão é um local de violência lenta, é também um local de resistência e revolução lentas. É isso que torna as imagens da história de Lizzie, *A semente*, tão poderosas. A "*planta no vaso*", esquecida, cresce apesar da negligência. Em vez de explorar uma "*rachadura administrativa*", a planta literalmente rompe as paredes da instituição, destruindo a prisão a um ritmo quase imperceptível.

Várias pessoas nas oficinas se inspiraram no poder e nas formas da natureza. Para Jess, não surpreende que tantas das histórias mais utópicas explorem este tema, porque:

> elas nos fazem lembrar que há algo maior do que nós na natureza, algo que está em curso, que vai além de podermos fazer tudo o que está ao nosso alcance...' [além] da ameaça que ronda tudo o que fazemos e que construímos.' (5).

A realidade das mudanças climáticas, as relações entre humanos e não-humanos, e "*a possibilidade de vida no capitalismo em Ruínas*" (6) são grandes temas da ficção científica.

Cli-fis [Climate-Fiction ou ficções-científicas sobre mudanças climáticas] como *A Parábola do Semeador* (1993), de Octavia E. Butler, e *The Ministry for the Future* (2020), de Kim Stanley Robinson, desafiam-nos a pensar sobre a justiça na escala do planeta.

As estórias desta seção retratam diferentes tipos de violência. Por exemplo, a história de Sarah revela a desumanização violenta de um sistema que levianamente atomiza as pessoas em dados que podem ser usados para calcular riscos, para determinar destinos. A protagonista clone River, de Phoebe, está na prisão por matar um cliente em legítima defesa; os ex-moradores autônomos do planeta prisão, de Richard, eliminaram os guardas no caminho para a libertação. Discutimos a legitimidade de enfrentar a violência do encarceramento por meio da violência. **(7)** Mike argumentou que a abolição precisava sustentar:

> ...uma ética de não violência... para aumentar a barreira a partir da qual o crime violento se torna psicologicamente possível, e fundamente a eliminação de instituições violentas como as prisões. Este projeto sobre o abolicionismo tem de ser fundamentado numa ética de não-violência, caso contrário não faz sentido para mim. Você tem que ter algo a dizer sobre como desafiar o crime violento da mesma forma que quer desafiar a instituição violenta da prisão.

Sarah destacou que as prisões às quais nos opomos como locais de violência foram originalmente concebidas como alternativas não-violentas à execução, "*então, ao afirmar ser não-violenta, terá que realmente se questionar!*" Richard disse:

> quando leio textos de mulheres de cor e feministas negras sobre como lidar com os danos (por exemplo, por meio da justiça transformativa), acho que isso vem dessa ética da não-violência. Mas há também esta longa história de escrita sobre a prisão, sobre a necessidade da força, de enfrentar a força com a força. Acho que é importante considerar isso. Como você rompe o sistema sem, de certa maneira, enfrentar a violência? Muitos escritos sobre prisões não vêm de um lugar

de não-violência, e não acho que isso os torne menos úteis.

Leitor ávido de ficção científica, River comentou que o gênero ainda carece, de forma frustrante, de ideias sobre os aspectos práticos para demolir o sistema prisional e lidar com seu legado na transição para algo melhor: "*É fácil dizer, ah, isso aconteceu há 100 anos atrás e assim são as coisas agora - mas não haveria meio-termo?*" Richard explicou que sua história *Planeta Prisão 842* foi inspirada em "planetas-prisão" no espaço que, eventualmente, aparecem na ficção científica como dispositivos tanto para terceirizar todos aqueles que representam uma ameaça à ordem social quanto para aliviar a questão de como essa sociedade lida com conflitos e danos. **(8)** Um paralelo pode ser visto em nossa sociedade na maneira como as prisões são frequentemente projetadas para estarem fora do campo de visão, situadas em áreas rurais, com muros altos que escondem as pessoas lá dentro. Além disso, como argumenta Angela Davis, a prisão:

> funciona ideologicamente como um local abstrato no qual os indesejáveis são depositados, libertando-nos da responsabilidade de pensar sobre os verdadeiros problemas que afligem as comunidades das quais os prisioneiros são retirados em números tão desproporcionais." **(9)**.

A história de Richard fez Koshka:

> pensar de forma mais profunda sobre os tipos de liberdade que dependem de convencer os poderosos de que você não é livre. Isso tem algumas ressonâncias nas lutas de libertação em torno da sexualidade e do gênero, com o pensamento de uma comunidade na qual se vive a liberdade e de uma comunidade da qual essa liberdade precisa de ser escondida.

O comentário de Koshka fez Phil pensar sobre esta citação de Morgan Bassichis, Alexander Lee e Dean Spade sobre as demandas abolicionistas, com base em ideias do ativismo trans e *queer*:

...nossas demandas são chamadas de "impossíveis" ou "idealistas" ou mesmo "divisivas". Como pessoas trans, ouvimos isso há muito tempo. Afinal, de acordo com o nosso sistema jurídico, a mídia, a ciência e muitas de nossas famílias e religiões, não deveríamos existir! As nossas formas de viver e de nos expressarmos quebram regras tão fundamentais que os sistemas colapsam sob os nossos pés, fecham-nos as portas e tentam nos eliminar. E, no entanto, existimos e continuamos a construir e a sustentar novas formas de olhar para o gênero, os corpos, a família, o desejo, a resistência e a felicidade que nos nutrem e desafiam as expectativas. [...] Numa época em que milhares de pessoas são assassinadas anualmente em nome da "democracia", milhões de pessoas são presas para "proteger a segurança pública", e organizações LGBT marcham de mãos dadas com policiais em paradas do Orgulho [Pride], ser impossível talvez seja o melhor que tenhamos para nós: a impossibilidade pode muito bem ser nossa única possibilidade. O que significaria abraçar, em vez de fugir, a impossibilidade dos nossos modos de vida, bem como das nossas visões políticas? O que significaria desejar um futuro que nem sequer podemos imaginar, mas que nos dizem que nunca poderia existir? **(10)**

TÓPICOS PARA DISCUSSÃO

1. O que é violência? Você acha que a violência é justificável? Se sim, em quais ocasiões?
2. Caso vocês ainda não conheçam, um membro do grupo pode fazer uma pesquisa sobre coletivos de solidariedade a prisioneira(o)s em sua região. Em que tipo de ações o grupo está envolvido? Como vocês podem se envolver e/ou apoiar esses coletivos?
3. Dave achou interessante que o planeta prisão na história de Richard tenha um número em vez de um nome. Por que você acha que as prisões atualmente são nomeadas em vez de numeradas?

Notas:

(1) O trabalho das pessoas presas é um grande problema tanto nas prisões públicas quanto privadas. São negados a elas muitos direitos, como o salário mínimo (no Reino Unido, o mínimo para o trabalho prisional é de 4 libras por semana!), e as empresas privadas lucram com esta exploração: "Reclusa(o)s que trabalham nas prisões não têm direitos de organização, nem contratos, nem aposentadorias, nem direito de escolher o que fazem – não têm acesso às conquistas pelas quais trabalhadores lutaram e morreram ao longo dos séculos. Se o(a)s reclus(a)os se recusarem a trabalhar, são punid(a)os através do Esquema de Incentivos e Privilégios Adquiridos [*Incentive and Earned Privileges* – IEP]) e podem ver-lhes retiradas as visitas, banho de sol (tempo no pátio ou fora da cela) e outros "privilégios". São a última fronteira da força de trabalho cativa das indústrias capitalistas e têm sido utilizados para quebrar greves, ao mesmo tempo que retiram

empregos das comunidades e levam-nos para as prisões. O trabalho prisional tem sido utilizado como ferramenta de conquista e dominação há séculos, desde a utilização do trabalho de condenados para colonizar países, até a alocação de prisioneir(a)os na fabricação de equipamentos para exércitos e para a guerra". Saiba mais em: https://iwoc.iww.org.uk/prison-labour/

(2) Esta declaração do grupo anarquista Bristol Anarchist Black Cross, de Bristol, sobre a morte de Taylor, seu querido amigo e prisioneiro do Prisão para Proteção Pública [*Imprisonment for Public Protection* – IPP], é bastante forte nesse ponto: https://bristolabc.org/riptaylor/

(3) Por exemplo, a lentidão/relutância em libertar mais de mil prisioneira(o)s detida(o)s com penas indeterminadas e deixada(o)s no limbo nas prisões da Inglaterra e do País de Gales muito depois de a pena ter sido abolida em 2012. Ver https://www.ungripp.com/

(4) Rob Nixon, *Slow Violence and the Environmentalism of the Poor* (Cambridge, Mass: Harvard University Press, 2011).

(5) Para novas reflexões sobre a organização ativista inspirada nas formas da natureza e na Ficção Científica de Octavia Butler, Chris recomendou: Adrienne Maree Brown, *Emergent Strategy: Shaping Change, Changing Worlds* (Chico, CA: AK Press, 2017).

(6) Anna Lowenhaupt Tsing, *O cogumelo no fim do mundo: sobre a possibilidade de vida nas ruínas capitalistas*, N-1, São Paulo, 2022.

(7) John recomenda *Aftermath* (2022), de Preti Taneja, pela sua exploração matizada desta questão. Veja também a crítica perspicaz de John sobre o livro: John Moore, "'Aftermath' by Preti Taneja," em *Abolitionist Futures* (blog), 11 de abril de 2022, https://abolitionistfutures.com/latest-news/aftermath-by-preti-taneja

(8) Para um contra-exemplo, veja a história em quadrinhos *Bitch Planet* (2014-2017), de Kelly Sue DeConnick e Valentine De Landro, onde a ação se centra em um planeta-prisão.

(9) Angela Davis, *Estarão as prisões obsoletas?*. Rio de Janeiro: Bertrand Brasil, 2018, p. 10.

(10) Morgan Bassichis, Alexander Lee e Dean Spade, "Building an Abolitionist Trans and Queer Movement with Everything We've Got", em *Captive Genders: Trans Embodiment and the Prison Industrial Complex*, ed. Eric A. Stanley e Nat Smith (Oakland, CA: AK Press, 2011), p. 36.

DEPOIS DA PRISÃO

CAIR FORA

Ren Wednesday

Erika fica inquieta com as luzes do estúdio. Ela está pouco acostumada à maquiagem para TV em sua pele. Enquanto se dirige ao entrevistador, ela foca em um ponto acima de seu olhar, nas bordas internas e eriçadas de suas sobrancelhas.

— Bem, Clive — ela diz — a nossa ideia é enxergar esta situação inédita como uma oportunidade. Fundamentalmente, o sistema prisional não mudou muito nos seus duzentos anos de existência. Reforma após reforma, ele não conseguiu produzir melhorias significativas. Por isso, quem sabe, esta seja uma oportunidade para perguntar o que poderíamos tentar dessa vez.

— As sobrancelhas se erguem céticas, uma mão gesticula no seu campo de visão.

— Então deveríamos deixá-los cair fora, é isso que você está dizendo?

— Falando sinceramente, Clive, se eles soubessem como fugir, nós, nesse momento, não seríamos *capazes* de impedir ninguém — diz Erika. — De fato, dizer isso já bastava. Dois meses se passaram desde que os primeiros adolescentes causaram pânico em massa ao escaparem dos muros da Instituição para Jovens Infratores de Cookham Wood. Além disso, apesar das tentativas desesperadas de trancar e isolar, as prisões estavam deixando os detentos escaparem um após o outro. — Portanto, a questão é se queremos gastar bilhões de libras tentando evitar isso ou se consideramos tomar um caminho diferente. — O entrevistador prende a respiração e Erika prossegue: — Eu sei o que as pessoas estão dizendo, que precisamos de um programa Alcatraz, prisões em ilhas, prisões subterrâneas, prisões até no céu! — As sobrancelhas veem a oportunidade de advertir e aproveitam.

— Olha, eu não acho que você está levando isso a sério! O que você diria às pessoas que têm medo – medos legítimos –, à mulher que mora sozinha e que está com muito medo de um criminoso invadir sua casa no meio da noite!? — O olhar de Erika desce brevemente para suas bochechas vermelhas, que tremem de indignação.

— Eu estou levando a sério! — ela diz — Eu também sou mulher e entendo o medo. Só não creio que o medo, que, aliás, é constantemente alimentado por jornais sensacionalistas, seja uma boa razão para o nosso governo gastar milhares de milhões de libras construindo prisões elaboradas e "infalíveis", das quais não temos quaisquer garantias de que serão de fato infalíveis. Enquanto isso, e antes de qualquer coisa, deixamos de questionar se a solução é, de fato, alojar as pessoas mais marginalizadas da sociedade dentro das prisões.

— As sobrancelhas permaneceram levantadas enquanto ele a dispensava.— Bem, obrigado, Erika Barnsley, da Rede de Suporte "*Cair Fora*" por essa opinião que tenho certeza que produzirá muitos comentários entre os telespectadores em casa. E agora passaremos ao nosso próximo convidado, para falar sobre o *boom* sem precedentes pelo qual passam, nesse momento, as soluções de segurança residencial — Erika é conduzida para fora do estúdio. Ela espera o elevador e, por um momento, encosta a testa na parede de gesso do corredor e pensa na primeira pessoa que escapará — no alcance de sua imaginação; de sua força de vontade.

O PARC

Chris Rossdale

Alex estremeceu quando elus finalmente se aproximaram dos grandes arcos do Parque de Atividades e Recreação Central [PARC]. Os portões pesados, antes firmemente trancados, exceto por alguns poucos momentos no dia, agora ficavam sempre abertos – um gesto de boas-vindas, em contraste com aquele passado vergonhoso. Mas, Alex nunca se sentiu bem-vinde. Elu odiava voltar para cá. Só o fez quando o peso da pressão social ficou maior que o instinto de permanecer longe – ainda que isso não tenha acontecido nestes 25 anos desde o fechamento da prisão.

Assim como os demais, o complexo foi transformado em espaço social, abrigando salas de aulas, estúdios, academia e área de espetáculos ao ar livre. Alex estava se arrastando para o PARC hoje porque Cym tocaria música em um pequeno festival no antigo pátio. Cym não foi capaz de entender por que Alex estava tão relutante em vir, tomou sua recusa como algo pessoal e Alex cedeu.

Os edifícios passaram por extensas reformas, reimaginados como o seu contrário, como o antídoto para a sua função anterior. Afirmações sobre o quê o novo mundo poderia e seria. Portas grossas de metal foram substituídas por vidro e alumínio, permitindo que a luz preenchesse o interior cavernoso. Colocaram fim às paredes internas de concreto; em vez disso, espaços abertos, com divisórias automáticas que poderiam ser elevadas em infinitas configurações a depender da necessidade. Plantas por toda parte, obras de arte por toda parte, música por toda parte.

Alex compreendeu a intenção e passou a tolerar os relatos empolgados de Cym sobre suas sessões musicais naquele espaço. Mas elus não conseguiram adotar o passo rápido e alegre de outros caminhantes do átrio que andavam com os pés puxados por uma marcha familiar e insolente. Embora invisíveis a olho nu, as paredes internas permaneceram no lugar, e o caminho de Alex pelo prédio seguiu pelos corredores principais, com um pequeno desvio para evitar a antiga cela.

Junto com o fechamento das prisões, houve um programa massivo para sobreviventes do sistema carcerário. Moradia e educação gratuitas, é claro, juntamente com grupos de apoio e programas de tratamento de drogas e terapia disponíveis por tempo indeterminado. No início, muitas dessas atividades foram realizadas em antigas prisões, mas rapidamente se reconheceu que isso era um erro. O apoio não diminuiu nas décadas seguintes, mas uma nova geração cresceu em um mundo onde esse tipo de violência social vingativa era impensável.

Alex, então, não culpou Cym por não entender porque era tão difícil para elu voltar ali. Elu entendeu – elu compartilhou – o desejo de Cym de deixar o velho mundo para trás. Elu invejou a capacidade de Cym de habitar este novo lugar com aparente facilidade. E Alex temia a expressão de Cym, como quem vê uma pessoa retrógrada, acorrentada ao passado.

Quando Alex chegou às portas nos fundos do átrio, os sons do festival no pátio abafaram os gritos, zunidos e passos ecoantes pelo espaço aberto. Elu colocou um sorriso no rosto e caiu para dentro, para a música.

O MONUMENTO

Dave

No centro da cidade ergue-se um monumento: um labirinto de chapas de metal azul, enroladas em torno de um conjunto de chafarizes. E, gravadas nas chapas, em letras prateadas, os nomes e cargos de todos os policiais em atividade ainda empregados no dia em que as novas Leis entraram em vigor: o Dia da Abolição. O monumento acompanha uma placa especial que contém uma nota de elogios a estes oficiais e ao serviço que prestaram à sua comunidade. Este generoso reconhecimento, tal como as generosas indenizações e os amplos programas de reconversão negociados pela Federação da Polícia nos últimos meses da sua existência, antes de ser forçada a se transformar num clube social de aposentados, é uma forma de compromisso. Indica, muito claramente, que nenhuma condenação pessoal da polícia, ou daqueles que tomaram o seu lado, estava implícita no sucesso da(o)s Abolicionistas. A campanha contra a polícia não tinha nada de pessoal, era apenas uma forma de crítica construtiva, um conjunto de propostas modestas sobre como a sociedade poderia ser melhor governada e como os recursos poderiam ser melhor alocados. A abolição venceu a tradição e a inércia a partir de uma política baseada em evidências. Durante as longas fases de planejamento e consulta pública, afirmou-se com firmeza a mensagem de que o monumento não era uma celebração da vitória de Abolicionistas. A palavra "abolição" não apareceu em nenhum lugar da documentação oficial, sendo referida, em diversos momentos, como "a cessação de práticas obsoletas", "a redistribuição de recursos limitados" e, mais comumente, simplesmente, "as reformas". Os nomes de morta(o)s nas rebeliões ou torturada(o)s nas delegacias não estão incluída(o)s no monumento. O acordo político somente poderia ser mantido através do reconhecimento de que os oficiais haviam cumprido fielmente os deveres que lhes haviam sido exigidos pela sociedade, até o ponto em que esses deveres deixaram de ser seus.

Num apartamento, a alguns quilômetros de distância, um homem chamado Cristiano se vestia. Cristiano sempre sentiu uma leve sensação de desconforto quando vestia seu uniforme para servir como Diretor do Patrimônio Municipal. As botas, o cinto, o distintivo. Tudo isso mexia com ele. E, para o seu desconforto, sempre que olhava de relance ele se sentia parecido com um policial. Ele odiava aquelas botas porque sabia que eram um produto comum que era usado por muitos trabalhadores da cidade, inclusive a polícia. As solas eram grossas e sólidas, as biqueiras de aço também, balançavam pesadas para a frente a cada passo, arrastando as pernas em um tipo particular de andar descontraído. Elas o fizeram andar como um policial. Ele não gostou. Ele nunca foi militante, nunca participou dos levantes, mas não teve vergonha de admitir que sentiu um alívio ao se vestir no Dia da Abolição, sabendo que a cerimônia de inauguração do monumento seria o último dia em que ele teria que se levantar e se vestir como um policial. No dia seguinte, ele se vestiria igual, mas o uniforme pertenceria a ele.

Descer do ônibus e entrar no local do monumento para iniciar seu turno o deixou um pouco inquieto; quando se deu conta ele já estava olhando ao redor, espiando por entre as folhas de metal e tentando fazer um balanço daquela situação. Ele raciocinou consigo mesmo, pensando que afinal não conhecia aquele espaço, o monumento abolicionista, seu novo local de trabalho. Ele sentira o mesmo, alguns anos antes, em seu primeiro dia na Secretaria do Patrimônio Municipal, quando patrulhava as estátuas de monarcas no parque, há muito falecidos. Isto não era diferente; ele se estabeleceria assim que se familiarizasse com as rondas em torno das chapas de metal; ele só precisava definir o seu ritmo. Logo seria uma segunda natureza para ele. Ele lançava seu olhar ininterrupto sobre o monumento, procurando por danos ou abandono, identificando perigos para a segurança pública e mantendo um olho em todas as pessoas que entravam e saíam.

DEPOIS DA PRISÃO:
Discussão

A abolição não consiste apenas em fechar as portas de instituições violentas, mas também em construir e recuperar instituições, práticas e relações que nutrem a totalidade, a autodeterminação e a transformação. A abolição não é um futuro distante, mas algo que criamos a cada momento quando dizemos não às armadilhas do império e sim às possibilidades nutritivas sonhadas e praticadas pelos nossos antepassados e amigos. (1)

\- Bassichis, Lee e Dean Spade

No trabalho da abolição, nos centramos muitas vezes nas prisões como os principais locais causadores de dano, mas, como estas estórias mostram, é importante lembrar que o fim da prisão não significaria necessariamente o fim da punição ou do controle social. A sociedade em *Cair Fora,* de Ren, enfrenta uma escolha difícil: criar prisões sem muros, ainda que restritivas, ou desenvolver novas práticas de inclusão social e segurança onde ninguém seja trancafiada(o)? (2) A estória também destaca o papel da mídia em nos contar certos tipos de histórias sobre o crime e a punição, mostrando como elas se legitimam quando afirmam estarem protegendo as pessoas vulneráveis (por exemplo, mulheres que têm medo). Como Jess salientou, se a filosofia subjacente que apoia uma resposta aos danos através da exclusão e do confinamento não mudar junto com o fim das prisões, então nada mudará de fato. Jardine pensou que a história de Dave, *O Monumento*,: "*tinha uma bela elaboração sobre 'a abolição ser inacabada'* (3), *virada de ponta-cabeça: o policiamento que ainda não tinha chegado ao fim, continuado de uma forma diferente.*" Ex-policiais são empregados como Guardiões do Patrimônio Municipal, calçando as mesmas botas que costumavam usar, andando pelo espaço público com o mesmo olhar para "problemas". Abolicionistas penais devem aprender com a realidade da abolição do comércio transatlântico de escravos, que não funcionou como uma ruptura definitiva em direção a uma América pós-racial, mas, antes, implicou na contínua criminalização e desumanização das pessoas negras através de outros meios (por exemplo, criminalização, segregação, discriminação), aos quais Saidiya Hartman chama de "a sobrevida da escravidão" (4). A história também nos ensinou que o desencarceramento não significa, necessariamente, desinstitucionalização – as pessoas são deslocadas entre espaços carcerários –, sendo necessário que olhemos para o número de pessoas confinadas por motivos de saúde mental antes de celebrarmos o desencarceramento. (5)

Jardine comentou que as pessoas reclamam que abolicionistas nunca falam sobre como vão alcançar a abolição e, tenebrosamente, que o cenário apresentado na história de Dave "parece uma maneira de fato verossímil de como você pode chegar lá a partir de políticas baseadas em evidências e na economia de custos!" (6) Koshka acrescentou que a estória:

> pode ser desconfortável para a prática abolicionista, porque realmente revela como, por vezes, o que parece ser o caminho mais estratégico pode contribuir para encontrar um método mais eficaz de controle social. Logo após a frase dizendo: Os nomes de morta(o)s nas rebeliões ou torturada(o)s nas delegacias não estão incluída(o)s no monumento. O acordo político somente poderia ser mantido através do reconhecimento de que os guardas haviam cumprido fielmente os deveres que lhes haviam sido exigidos pela sociedade, até o ponto em que esses deveres deixaram de ser seus. A palavra *reconhecimento* aqui é realmente poderosa porque traz à mente a negação que está acontecendo na frase anterior e a solidariedade que é sacrificada na tentativa de construir um abolicionismo versão "política de respeitabilidade.

A questão da reforma versus abolição tende a surgir cedo nas discussões sobre a abolição da polícia e das prisões. (7) Trabalhar pela abolição não significa abandonar as pessoas atualmente encarceradas à sua sorte até o momento da abolição: em vez disso, muita(o)s abolicionistas propõem envolver-se no que chamam de reformas "não-reformistas", que não aumentam a eficácia, o poder e o alcance do sistema. Assim:

> as reformas reformistas situam-se na formação discursiva do sistema tal como ele é, de modo que quaisquer mudanças sejam feitas dentro ou contra este quadro existente. As reformas não-reformistas imaginam um horizonte diferente que deveria ser realizável para a melhoria da humanidade, e não são limitadas por uma discussão sobre o que é possível no presente." (8)

Por exemplo, o monitoramento eletrônico é uma reforma que alarga o alcance do sistema de justiça criminal nas casas das pessoas, responsabilizando aqueles que vivem com a pessoa que está sendo monitorada. Em contraste, uma reforma não-reformista consistiria em remover a polícia das escolas e faculdades, uma vez que foi demonstrado que a presença da polícia leva ao aumento da criminalização das crianças por comportamentos que anteriormente teriam sido resolvidos pelo corpo docente.

Chris desafiou-se a "*ir contra o meu instinto de escrever algo sofrível*'", acrescentando que "*isto ainda é sofrível, mas pelo menos é ambientado numa utopia!*" A sua estória *O PARC* convida-nos a pensar sobre o que deveria acontecer aos locais físicos que as prisões ocuparam depois de terem sido abolidas. Esta é também uma questão que nos afeta no presente, com a conversão comercial de ex-prisões em hotéis e espaços para eventos que lucram com a dor do passado (9) e com batalhas pelos locais das antigas prisões, como por exemplo a campanha *Retomar Holloway*. **(10)** Refletindo sobre o atual debate sobre o destino da prisão HMP Barlinnie, em Glasgow, que deverá ser substituída por uma prisão muito maior, a HMP Glasgow, construída num novo local, **(11)** River perguntou: "*a que propósito poderia [a ex-prisão] se adequar? Ou não passa de um lugar assombrado de merda? Um local de trauma que precisa ser queimado até o chão!?*"

Chris explicou que, em sua história, elu estava interessade na questão de "*como o trauma social coletivo é controlado? Há uma tensão na forma como mantemos o trauma social e como avançamos para o novo mundo*". Em *O PARC*, as duas personagens pertencem a épocas diferentes e não conseguem compreender totalmente as experiências uma da outra. Isto lembrou Dave de um poema de Bertolt Brecht chamado "Aos que vão nascer" (1940), que é fala como "*estabelecer um mundo novo e melhor é algo que você pode ter que fazer por pessoas que nunca experimentaram este mundo, e a geração que passa por essa luta e nunca consegue ter acesso de fato ao que vem depois.*" Como Mariame Kaba aconselha a ativistas mais jovens:

> Sua linha do tempo não é a linha do tempo na qual os movimentos ocorrem. Sua linha do tempo é incidental. Sua linha do tempo serve apenas para você marcar seu crescimento e sua vivência. Mas isso é uma fração da vida que será realizada pelo universo e que já foi realizada pelo universo. Quando você entende que é realmente insignificante no grande esquema das coisas, então é uma liberdade... ser realmente capaz de fazer o trabalho que você vê como necessário e contribuir da maneira que você achar melhor. **(12)**

TÓPICOS PARA DISCUSSÃO

1. O que devemos fazer com os locais das antigas prisões?
2. River perguntou o que temos a dizer sobre a sociedade d'*O Monumento*, na qual ainda é necessário pagar alguém para proteger estátuas! O que isso diz sobre a atual sociedade do Reino Unido que, em resposta à derrubada da estátua do traficante de escravos Edward Colston, em Bristol, durante os protestos do *Black Lives Matter*, de 2020, a Lei de Polícia, Crime, Penas e Tribunais de 2022 introduziu uma nova lei para "proteger" monumentos e estátuas, com danos puníveis com até 10 anos de prisão?
3. Estas três estórias lembram-nos, mais uma vez, a importância de incluir e aprender com pessoas que viveram experiências de punição e encarceramento. Por exemplo, River percebeu que na estória de Ren, *Cair Fora*, não se explica se toda(o)s podem atravessar paredes, ou se é um poder forjado na dor, um poder que só se tornou disponível para pessoas diante da terrível experiência da prisão. Compartilhamos a admiração da protagonista pelo "*alcance de sua imaginação; de sua força de vontade*", necessários àquelas e àqueles que fugiram. Como podemos garantir incluir e aprender em nosso ativismo a experiência de pessoas que passaram por punição e encarceramento, sem esperar que elas relembrem e compartilhem repetidamente tais experiências traumáticas conosco, com quem não têm essa experiência? A ficção pode nos ajudar com isso?

Notas:

(1) Morgan Bassichis, Alexander Lee, and Dean Spade, "Building an Abolitionist Trans and Queer Movement with Everything We've Got," in Captive Genders: Trans Embodiment and the Prison Industrial Complex, ed.
Eric A. Stanley and Nat Smith (Oakland, CA: AK Press, 2011), 36.
(2) Há uma descrição incrível de uma prisão anti-teletransporte no clássico romance de ficção científica de Alfred Bester, *Tiger! Tigre!* (1956), também conhecido como *The Stars My Destination.*
(3) Thomas Mathiesen, *The Politics of Abolition.* Londres: Routledge, 2016.
(4) Saidiya Hartman, *Perder a mãe: uma jornada pela rota atlântica da escravidão.* Rio de Janeiro: Bazar do Tempo, 2021, p. 7.
(5) Bernard E. Harcourt, "From the Asylum to the Prison: Rethinking the Incarceration Revolution", *Texas Law Review*, 2005: vol. 84, n. 1751, in: https://chicagounbound.uchicago.edu/cgi/viewcontent.cgi?referer=&httpsredir=1&article=2470&context=journal_articles.
(6) Para outra abordagem ficcional de uma solução neoliberal para o "crime", conferir o emocionante romance de Claire North, *84k* (2018).
(7) *Abolitionist Futures* reuniu um conjunto de recursos sobre este tema: https://abolitionistfutures.com/whats-wrong-with-reform-2022
(8) Liat Ben-Moshe, "The Tension Between Abolition and Reform," in The End of Prisons: Reflections from the Decarceration Movement, ed. M. E Nagel and A. J Nocella (Amsterdam: Value Inquriy, 2013), 87. Esta conceituação vem de *Politics of Abolition* (1974), de Mathiesen, onde ele desenvolve a distinção de André Gorz entre reformas reformistas e não-reformistas.
(9) Cara recomendou este artigo sobre turismo prisional: Linda Mussell et al., "'A Prison Is No Place for a Party': Neoliberalism, Charitable Fundraising, Carceral Enjoyments and Abolitionist Killjoys," *Contemporary Justice Review*, vol. 25, n. 1 (2 de janeiro de 2022): 56–81, https://doi.org/10.1080/10282580.2021. 2018655.
(10) https://reclaimholloway.mystrikingly.com/
(11) Para uma análise sobre *greenwashing* do projeto da prisão de Glasgow, ver: Hussein Mitha, "Glasgow's Carceral Geography", em *The Moon Spins the Dead Prison, An Anthology of Abolition*, ed. Thomas Abercromby, Rosie Roberts e Phil Crockett Thomas (Glasgow: Escola da Abolição, 2022), 19–24.
(12) Kaba, "We Do This 'Til We Free Us", 27–28.

EXPANSÕES

BLITZ DAS FERAS

Cara Jardine

Repousamos na manga. Era macia, mas ligeiramente firme. Perfeita para tirar uma soneca. Vislumbramos a manga no topo de uma torre de outras frutas: as bananas eram a base, as maçãs e as mangas no meio e as pequenas laranjas no topo. Frutas mais macias, como damascos e morangos, estavam na parte externa da torre. Os seres humanos organizaram as frutas de maneira tão cuidadosa que as tornaram muito convidativas.

A torre de frutas ficava a meio caminho do solo, com mais degraus descendo até o lugar barulhento. Não gostamos daqui embaixo. Tem um cheiro quente – mas não o calor agradável dos lugares cheirosos –, é barulhento e tem cheiro de poeira. Há muitos ladrilhos lisos lá embaixo e o barulho ressoa por toda parte. Estávamos todos de acordo: nós não gostamos daqui.

Podemos ouvir uns aos outros pensando, mas isso não funciona tão bem com seres humanos. Suas palavras são estranhas, então para entendê-las basta sentir seus sentimentos. O que nos acordou do nosso cochilo na manga foi o medo. Os seres humanos no lugar barulhento estavam assustados. O medo ficava cada vez mais denso, mais nítido e mais sombrio. Mais seres humanos desciam correndo as escadas – eles ainda não estavam com medo, mas sabíamos que ficariam.

Ficamos paralisados na manga, sem saber o que fazer. Fomos enviados apenas para observar os seres humanos e documentar o que eles fazem. Os sentimentos de medo nos machucaram, mas se interviéssemos, isso mudaria a vida dos seres humanos aos quais fomos enviados para tentar compreender. Caso os ajudássemos, eles poderiam descobrir a nossa presença. Isso nos deixou com medo. Eles poderiam nos destruir; já tínhamos visto isso acontecer antes.

Essa foi parte da razão pela qual fomos enviados – para aprender por que os seres humanos fazem o que fazem. Precisávamos compreender como é que eles podiam se considerar os mais avançados e depois desfazerem o seu próprio progresso com conflitos, violência e confinamento. Precisávamos saber por que eles desperdiçaram seu próprio potencial. Ficou claro para os nossos líderes que isso não era o ideal, nem racional. O conflito e a violência drena a todos. Portanto, deve haver razões emocionais para eles fazerem isso. É por isso que fomos enviados.

Além disso, somos muito pequenos. Os seres humanos não nos considerariam bonitos; temos muitas pernas e olhos. Na pior das hipóteses, seríamos vistos como um aborrecimento, mas é mais provável que estejamos aquém da sua atenção. Poderíamos observá-los sem que eles nos notassem.

Começamos a ficar sobrecarregados com os sentimentos de medo e um consenso foi se formando. Era hora de agir. Na manga foram se juntando cada vez mais feras. Logo a torre de frutas não podia mais ser vista. À medida que preenchíamos o espaço, os seres humanos pararam de correr para o lugar quente e barulhento. Eles nos acharam feios, não queriam passar por nós.

Mais tarde, os seres humanos se perguntariam, por muito tempo, o que teria causado um enxame de corpos minúsculos no mesmo dia de todo aquele medo. Eles passaram horas debatendo o que poderia ter causado isso, seus cientistas apresentando explicações. Já nós, nos perguntamos por que eles ainda estavam fazendo as perguntas erradas.

ESTRANHO CICLO

[alerta de gatilho: discussão sobre pensamentos suicidas]

Código S

Somos um, conectados, em sincronia. Estou vazio, cansado, doente. Eu gostaria que fossem à merda e cuidassem de suas próprias existências. Não quero mais ficar aqui, mas eles não me deixam ir.

Eles sabiam para que servia o saco. Eles sabiam antes mesmo de eu o ter alcançado. Eles sabem o que quero fazer quando este trem chegar. Sinto sua comiseração, medo, preocupação, nojo. Estamos nos afogando, sufocados, esmagados, mas não me deixam desenraizar-nos. Eles sentem o meu ressentimento e eu o deles, um ciclo sem fim. Mas não importa o quanto eu tente, eles simplesmente não me deixam colocá-lo no pescoço. Estou em forma e sou capaz, por isso sou necessário. Malditos telepatas!

SEM TÍTULO

Josie Tothill

Semelhante a uma nuvem – material, mas permeável. As paredes que as contêm tornam-se parte dela à medida que o seu ser as pressiona. X nunca havia sido enjauladx. Não é algo que parecia possível antes de acontecer. X é uma entidade expansiva movendo-se entre paisagens e estrelas. Sente o universo como sua alma. Claramente físico – feito de matéria – terra, concreto, vidro, sangue bombeando através de corpos.

X é demais. Muito brilhante, muito opaco. Não pode ser compreendido por um sistema construído sobre o mito da independência. E agora a única paisagem que lhe resta: gesso úmido e frio. Sala de cubo vazia. Se apagada a faísca, conseguiriam eles encarar, serem e sentirem o universo como um todo uma vez mais?

A barata havia entregue o chicote de néon. A fuga estava ao seu alcance. X se expandiu e contraiu em algo próximo a um suspiro ofegante. A hora era crítica. Todos esses anos elx desejou escapar. E agora chegou o momento, a interconectividade amorosa expansiva parecia cegar, uma *petit mort*, tanto.

EXPANSÕES

Discussão

A questão de como podemos apoiar-nos mutuamente para florescer, apesar das nossas diferentes necessidades, experiências, identidades, etc., deve estar no centro de qualquer política abolicionista. As estórias desta seção nos fizeram pensar sobre prazer, dor, conexão e confinamento, e sobre diferentes tipos de corpos e mentes. Por exemplo, na estória de Josie, Koshka adorou como o corpo infinitamente expansível da personagem X conectava materiais orgânicos e inorgânicos. As estórias não deixam de explorar questões complexas sobre a relação entre indivíduo e grupo, controle e conformidade, e nossa responsabilidade para com outres. Na estória de Jardine, *Blitz das Feras*, as feras alienígenas que a narram compartilham uma consciência conflituosa, falando a partir de um "nós" coletivo. Seu conflito sobre o medo e sobre ajudar seres humanos ou deixá-los entregues ao seu próprio destino (1) fizeram Phil pensar sobre responsabilidade e cuidado mútuos, especialmente pela maneira como as feras temem por uma intervenção, que pode causar riscos. É claro que poderíamos argumentar que já estamos emaranhados entre nós, quer decidamos reconhecer isso ao praticarmos alguma ajuda-mútua ou não. Da mesma forma, na história de Josie, Koshka viu um paralelo entre a personagem X, que estava "*presa porque era capaz de se conectar com o universo*" e a "*presença perturbadora ou desordenada contra a qual a carceralidade é usada para conter a criminalização da crise de saúde mental e a patologização de muitas formas de relacionamento que perturbam as normas.*" O fato de que as pessoas muitas vezes confundem crise de saúde mental com agressão (especialmente se a pessoa em crise for negra) e chamam a polícia que responde com agressão e confinamento, contribuiu para muitas mortes desnecessárias de pessoas sob custódia (tanto em celas policiais como em enfermarias psiquiátricas). Como escreve Harry Josephine Giles, "*as pessoas com diagnósticos de saúde mental têm maior probabilidade de acabar na prisão e, se não tinham problemas de saúde mental quando entraram, é muito provável que os tenham quando (ou se) saírem*" (2).

As explorações científicas da telepatia podem ser esclarecedoras para pensar sobre as relações sociais e a liberdade e restrição individuais; como disse Jess, "*o profundo arrepio e desconforto de alguém que sabe exatamente como você se sente, e essa pessoa responde a partir deste conhecimento e você percebe isso também!*" (3) Na estória distópica de Código S, *Estranho Ciclo*, a protagonista é incapaz de assumir o controle de seu destino porque pertence a uma sociedade telepática. Isto nos lembra a importância de não "*fetichizarmos a comunidade como se esta fosse inerentemente benevolente ou não opressiva.*" (4) Koshka disse que a história do Código S a impressionou:

> em relação às experiências de *lockdown*, bem como a outras experiências de confinamento, o foco recai sobre o isolamento e no fato de se estar isolado ao invés de focar na própria proximidade física forçada, e isso é algo realmente perturbador... Nas discussões em torno da prisão e do encarceramento, talvez haja uma tendência nas discussões sobre a proximidade física forçada venham de um lado reformista liberal. Então [os argumentos] são elaborados considerando, por exemplo, a superlotação, enquanto a expansão das prisões aparece como solução proposta para isso, de tal forma que outras pessoas encarceradas e criminalizadas, portanto, acabam '*tendo que ficar perto de gente dessa maneira*'. Embora a discussão abolicionista se concentre mais frequentemente no isolamento do encarceramento e na separação da comunidade e do apoio, etc., talvez algo que esta [estória] traga à tona seja a necessidade de abolicionistas [também] olharem para as toxicidades da co-dependência sob formas indesejadas de intimidade.

Dave sentiu que esta era uma observação importante, mas também um argumento complicado de usar na prática sem ser cooptado por grupos como a Associação dos Oficiais Prisionais [Prison Officer's Association – POA], que atualmente está fazendo pressão política para manter os altos níveis de isolamento dos reclusos (mais de 23 horas de reclusão) e diminuição do envolvimento (menos visitas, educação, trabalho em grupo, etc.) que esteve em vigor durante o auge da pandemia de COVID-19. A POA afirma que a(o)s reclusa(o)s também preferem o regime implementado durante o 'lockdown' devido ao medo de companheira(o)s reclusa(o)s. (5)

TÓPICOS PARA DISCUSSÃO

1. Você tem alguma ideia sobre como poderíamos enfrentar o debate sobre a "co-dependência/intimidade tóxica" da prisão sem que ela fosse cooptada como argumento para aumentar o isolamento?
2. Leia o zine *12 Things To Do Instead of Calling the Cops* (2017) [12 coisas para fazer em vez de chamar a polícia], de May Day Collective e Washtenaw Solidarity & Defense. Houve alguma situação em que você chamou a polícia e acha que poderia ter lidado de forma diferente? Disponível em: https://communityresourcehub.org/resources/12-things-to-do-instead-of-calling-the-cops/
3. Um vírus tornou os humanos telepáticos. Que tipo de normas/regras sociais teremos que estabelecer para podermos viver juntos sem dramas constantes!?

Notas:

(1) Para uma leitura agradável que coloca a raça humana numa perspectiva universal e apresenta uma família inter-espécie 'escolhida', Phil recomenda: *The Long Way to a Small Angry Planet*, de Becky Chambers (2014). *Record of a Spaceborn Few* (2018), de Chambers, explora a utopia, o medo e a justiça, e também pode ser interessante.

(2) Harry Josephine Giles, "Mad Liberation from Sane Incarceration", em *The Moon Spins the Dead Prison, An Anthology of Abolition*, ed. Thomas Abercromby, Rosie Roberts e Phil Crockett Thomas (Glasgow: Abolition School, 2022), 40.

(3) Para explorações instigantes da telepatia, Jess recomenda a série *Patternist / Patternmaster*, de Octavia E. Butler (1976-1984); Phil recomenda *The Demolished Man*, de Alfred Bester (1953). Muitos de nós adoramos a Trilogia *Imperial Radch*, de Ann Leckie, com seus clones, colonialismo e explorações descoladas de gênero e consciência.

(4) Lena Palacios, "'Something Else to Be': A Chicana Survivor's Journey from Vigilante Justice to Transformative Justice", PhiloSOPHIA, vol. 6, n. 1 (2016): 96, https://doi.org/10.1353/phi.2016.0001.

(5) Richard Ford, "Inmates Prefer Lockdown Restrictions, Say Prison Officers", *The Times*, 16 de julho de 2020, sec. notícias, https://www.thetimes.co.uk/article/inmates-prefer-lockdown-restrictions-prison-officers-say-tk5dpbmgg. Veja esta pesquisa recente conduzida por pessoas atualmente encarceradas que contraria essas afirmações: "Coping with COVID in Prison: The Impact of Prisoner Lockdown", *User Voice e Queen's University Belfast.*
https://www.uservoice.org/consultations/coping-with-covid/

UTOPIAS CRÍTICAS

MOMENTOS

[alerta de gatilho: discussão sobre violência sexual]

Anônimo

Introdução: Como sobrevivente de agressão sexual, luto com o fato de que, às vezes (muitas vezes), quero machucar as pessoas que me machucaram. Não pretendo falar pelos outros, mas talvez este seja um problema comum. Afinal, estamos condicionada(o)s à vingança, à retaliação –, mas para fazer a abolição deveríamos ser o oposto.

Então: este é um dispositivo que contém vingança no ciberespaço. Uma realidade simulada onde você carrega os momentos mais sombrios da sua vida e os revive. Você pode revisitar, pode dar continuidade, pode parar, reiniciar e mudar a narrativa a qualquer momento. Você está no controle. É uma arena sensorial capaz de explorar o que pode acontecer quando nos envolvemos e nos lembramos desses momentos e das pessoas envolvidas, repetidamente (de um jeito ou de outo, não podemos esquecer). A Simulação oferece oportunidades de vingança, algum tipo de justiça, talvez até a paz, sem limites. Onde podemos fazer qualquer coisa com essas pessoas, de novo e de novo e de novo... onde podemos expressar sentimentos de vingança, retaliação, punição, prazer, redenção, enquanto controlamos a culpa que está por trás desses atos e alcançamos o poder de cura que eles podem trazer.

Quer fazer o *upload?*

Eu poderia escrever sobre o macro: a abolição das prisões, o desmantelamento do gênero. Mas não vou. Embora, obviamente, tanto as prisões quanto o gênero sejam, de fato, opressões terríveis. Em vez disso, estou acordade no escuro depois da nossa primeira oficina. No limiar entre o entre a escrita e o seu objeto, estou no lusco-fusco, observando este Momento se desenrolar diante de mim. Não tenho escolha a não ser escrevê-lo, vivê-lo – de novo:

A Simulação começa.

Ah. É uma conversa com você. Ótimo. Por alguma razão estamos no café de Ian Beale, no seriado de TV *Eastenders*. Quem diabos vai saber que parte do meu cérebro ativou isso?! O *upload* deve ter desencadeado uma colisão particularmente aleatória de memórias e imagens, e, então, aqui estamos. A toalha de mesa entre nós é de plástico, de estampas vermelho e branco, pegajosa e barulhenta. O café está cheio de vultos murmurantes e acho que Sharon Mitchell pode estar aqui, andando em algum lugar do meu campo de visão; eu ouço seus sapatos de salto alto. Olho para minhas mãos. Elas sentem o calor da caneca esbranquiçada à minha frente, seus cheiros simulados de chá quente e açucarado preenchem o ar.

Imagino esta conversa com você porque, embora pudesse escrever sobre as grandes coisas que mudaria – na verdade, eu percebo quando adormeço –, quero ser egoísta. Quero escrever sobre aquela pequena coisa que gostaria de poder mudar para tornar tudo diferente. Para melhorar as coisas.

Assim que você se materializa, eu começo a falar, as palavras são como espuma de ácido quente jorrando da minha boca:

Eugostariadenuncaterconhecidovocê

Eugostariadenuncaterdeixadovocêentrarnomeuquartonaquelanoite Gostariadepoderinfligirtantadoremvocêquantovocêcausouemmim eugostariadeterumaarmasubatômicaeeupoderiaestourarseusmiolos Eugostariadepoderfazersentiraviolaçãoeomedoquevocêmefezsentire mtodososníveisdomeucorpoEugostariadepoderfoderpartesdasuavid acomovocêfodeuaminhaEugostariadepodermachucarvocê.

Sinto uma dor tão vingativa. Eu estou sobrecarregadx. A

simulação percebe isso, me percebe e muda para me atender: minha arma se materializa na mesa entre nós. Minhas mãos se estendem para erguê-la. É pesada, reconfortante. Então eu aponto e estouro seus miolos.

Você se oblitera.

Você se refaz.

Ficamos sentados por um tempo em silêncio.

Tudo o que tenho a dizer é dor; não há muito sentido em conversar. Além disso, depois da última vez, desativei os seus sistemas de fala. Ha-ha, vá se foder.

A Simulação deve continuar, como dizem: entro na Fase Dois. É hora de observar o Momento.

Meu campo de visão se apaga. Entre nós, através desta desagradável toalha de plástico, uma imagem é transmitida desde cima: um corpo cansado e semi nu, tremeluzindo em tecnicolor suave. Pele opaca e pálida. Confuso e incapaz de dizer não (quando fomos ensinados a dizer não?), congelado em estado de choque, trancado em um quarto, encharcado de bebida. Ao mesmo tempo vazio e sobrecarregado. Incapaz de compreender o que está acontecendo até anos mais tarde, quando, de repente, me deparo com uma história que costura meu futuro desde aquele momento.

Ah, sim, a minha dor é vingativa.

E ainda.

E ainda,

Meus olhos piscam. Eu me forço a ver que entre nós há também outro corpo, congelado e trêmulo. Eu sei que esse corpo também dói e precisa ser abraçado – *não por mim, não, isso nunca vai acontecer, eu nunca quero te abraçar* – mas por outra pessoa, talvez. *Ouvi dizer em uma festa que houve mais alguns desde mim.* Eu sei que esses corpos estão com dor. O fato de você ter infligido a sua a mim não importa agora, eu acho. Eu preciso curar, você precisa curar. Nós dois temos que parar de sofrer.

E ainda,

E ainda.

Sou pura raiva – OUVI QUE, EM UMA FESTA, VOCÊ FEZ A MESMA COISA DEPOIS DE MIM –, sei que ainda quero estourar seus miolos (tenho que ser honestx sobre isso), então faço de novo.

Você se oblitera.

Eu não acho que estou satisfeitx. Eu não me sinto melhor. Eu simplesmente me sinto culpadx.

Enquanto sua forma simulada se recompõe mais uma vez, olho para baixo. Minha arma evaporou. Em vez disso, minhas mãos estão em concha e cheias de pequenas sementes: lembro saber ter trabalhado duro para nutrir essas sementes dentro de mim, pequenas possibilidades de cura que ainda precisam de tempo para crescer. Talvez isso leve o resto da minha vida: algumas delas morrerão, outras sobreviverão, uma ou duas poderão florescer. E eu sei que uma dor como essa só fará com que elas murchem e fiquem vazias, como sementes cuspidas e drenadas de sua bondade.

Eu sei que nunca mais nos encontraremos na vida real. Mas pense nas minhas sementes como estrelas, espalhadas pelos céus através do tempo e do espaço. Nós as vemos, mas elas não nos conectam, não. Não estamos conectados de nenhuma forma significativa, apenas vagamente através deste Momento – este, um dos milhões de momentos peculiares de crueldade em que humanos causam dor uns aos outros, que pode mudar o curso da vida ao seu redor, despedaçando e estilhaçando destinos em lascas afiadas que te fazem girar, cercadx, encurraladx, rompendo a pele para sair. Novos destinos são forjados em sangue.

Fase Três:

Jogo as sementes para o alto; elas ficam suspensas acima de nós, brilhando no escuro. Elas realmente são como estrelas agora.

Eu não te perdoo. Este não é o objetivo da minha Simulação.

Em vez disso, você olhará para essas estrelas como o futuro e minha recusa em abandonar a vida.

E as toma como uma indireta para você,

não importa o que você fez, apesar do que você fez,

apesar do que você fez,

porque eu sei que você também precisa viver.

Posso deixar esta mesa.

Posso sair desta simulação.

Esta não é a minha primeira e eu voltarei.

Mas esta é a minha utopia: serei livre.

O RESOLETUM

Fergus McNeill

Não muito longe da abandonada Cidade dos Mortos, três figuras estranhas entram no Resoletum, em silêncio.

Algumas das árvores são muito antigas e muito grossas. Seus galhos mais longos e mais baixos parecem poder cair no chão a qualquer momento. Os mais pesados são sustentados por estacas que os jardineiros cravaram fundo no solo. No entanto, na árvore maior e mais antiga, esculturas de pedra foram feitas de tal forma que os galhos pesados repousam sobre os ombros de três figuras humanas, abrigadas nas sombras do sol forte do sul. Elas estão voltadas para o tronco da árvore.

Foi o povo que convenceu seus líderes a fecharem a Cidade dos Mortos. Superlotada e perigosa, o ar e a água envenenados. Então, eles resolveram não enviar mais os medos, a raiva e a culpa da cidade para serem enterrados lá. Em vez disso, projetaram o Resoletum para que pudessem espalhar essas dores entre as árvores, como cal.

Foram cultivadas em torno de árvores antigas, para que o novo crescimento se misturasse com o antigo. Novas mudas e plantas menores marcam as bordas dos caminhos, entrelaçando-se dentro e ao redor das árvores. Vários percursos são possíveis, mas não há sinalização para orientar quem caminha por ali. Cada Trio encontra uma rota, longa o suficiente apenas para acomodar e dispersar as reviravoltas das discussões difíceis que acompanham as suas dores.

Ao longo dos caminhos suaves existem abrigos simples feitos de madeira, onde caminhantes recuperam o fôlego, descansam as pernas e bebem para molhar a boca seca. Os abrigos oferecem sombra, mas não possuem paredes. Nada pode ser escondido.

Observo três figuras emergirem da entrada, uma vestida de

roxo, uma de cinza e, a última, de laranja, assim como os demais Trios. Caminham hesitantes, em ritmo lento, mantendo os olhos fixos no caminho à frente.

Agora, alcançam a primeira bifurcação no caminho e são obrigadas a tomar uma decisão. A figura cinza e a figura laranja olham para a de roxo – que é, no final das contas, quem as guia –, mas nenhuma orientação é oferecida. A de laranja se frustra e, ao mexer os ombros, sugere que virem à esquerda. A de cinza parte imediatamente, com as outras a seguindo. Elas estabelecem um ritmo lento.

Os vultos caminhantes começam a falar de vez em quando, a princípio hesitantes. Pausas estranhas prejudicam o diálogo, mas já assisti caminhadas suficientes para saber que essas pausas provavelmente se tornarão pouco frequentes. Sei que seus olhos se erguerão gradualmente, a princípio olhando furtivamente um para o outro, como se temessem que um encontro de olhares queimasse. Muitas vezes, isso acontece. Mesmo assim, a curiosidade costuma levar a melhor sobre os vultos cinzentos. Eles têm perguntas que precisam de respostas. É isso que as laranjas mais temem: a necessidade de responder, de prestar contas.

O lento desenrolar das histórias me lembra o botão de uma flor abrindo ao sol da manhã. Mas a necessidade de calor e o medo da luz coexistem. Por isso as estórias muitas vezes oscilam entre abrir e fechar, e depois abrir de novo. Às vezes, uma nuvem escura obnubila uma cinzenta e elas se fecham. Então, todo mundo espera.

Este Trio de caminhantes está esperando em um momento em que nuvens reais aparecem e cintilam, forçando-os a correr para o abrigo mais próximo. Eles se reúnem, reconhecendo que, por enquanto, a tempestade da Natureza preside a sua própria. Os lados descobertos do abrigo – concebidos mais para a sombra do sol do que para o refúgio da tempestade – obrigam a proximidade, os seus corpos forçados a se aproximarem mais do que as suas mentes ainda estão preparadas para receber. Seu desconforto os faz virar de modo que ficam de costas uma para a outra, mas ombro a ombro. Elas observam a chuva fustigar os caminhos e, enquanto esperam, conversam sobre o clima fora de época.

A tempestade passa logo e escapam do abrigo, ávidas, retomando a caminhada por trilhas agora iluminadas. O ritmo acelera um pouco mais. A figura roxa está para trás e a conversa entre a cinza e a laranja parece ter começado a fluir; não como dilúvio, mas com uma garoa constante. Quando um vulto fala, o outro escuta com atenção, virando-se cautelosamente para olhar para o rosto de quem fala. Mas quando falam, mantêm os olhos no caminho; torna mais fácil dizer o que tem que ser dito. Poucos conseguem suportar olhar como as suas palavras chegam aos rostos dos outros; diante das resposta.

Vejo a comoção à frente delas antes que elas o façam. Uma pessoa vestida de branco e preto (algum tipo de uniforme?), com o rosto escondido atrás de uma máscara, corre em direção à antiga árvore no coração do Resoletum. Elu carrega uma marreta. Parando sob um dos galhos, elu recupera o fôlego e então bate com o martelo na figura humana com toda a força que consegue reunir. Cacos e fragmentos de pedra voam pelo ar, misturados em nuvens de poeira de concreto. Elu grita enquanto se sacode – um encantamento estranho –, repetidas vezes:

– Deixe os galhos quebrarem, deixe os galhos caírem, a Terra abaixo nos compele a todes!

Todes no Resoletum correm em direção ao barulho, mas o Trio que estou observando é o primeiro a chegar. A de roxo tenta argumentar com a figura agressora, implorando que pare – sem sucesso. O martelo bate com violência implacável, os golpes acompanhando o ritmo do canto. A figura está desmoronando sob o ataque.

A de branco e preto faz uma pausa momentânea. Elu está ofegante agora, coberto de poeira cinzenta e riachos de suor empoeirado. Enquanto elu levanta o martelo para desferir o golpe final, a de laranja caminha atrás delu e se põe sob o galho, com as mãos levantadas para alcançar o casco. O gesto parece tão fútil quanto desesperado. Certamente, essas mãos não conseguem suportar o peso do galho. A velha árvore está rangendo e rachando. A de laranja com certeza será esmagada.

Mas então vejo a cinza e a roxa correrem para o galho e, rapidamente, outras figuras a seguem. Quando, momentos depois, a figura humana desaba, conto nove caminhantes apoiando o galho. De alguma forma, o galho se sustenta. Mais caminhantes estão agora reunidos sob a árvore, cercando as figuras restantes.

A figura de preto e branco está confusa e exausta. Elu cai no chão em um forte acesso de tosse, engasgando com a poeira de concreto que seus golpes criaram.

Agora um dos jardineiros do Resoletum chega à velha árvore com três grandes estacas de madeira. O vulto de laranja pega a marreta enquanto a cinza segura as estacas, uma após a outra. Elas construíram um tripé juntes; parece forte. O jardineiro amarra-o ao galho com corda, no local onde antes estava a figura humana.

A de roxo leva a de branco e preto até o abrigo mais próximo, lhe oferece água e depois prepara o chá doce com aroma de jasmim, tão apreciado nesta cidade. Outres caminhantes se juntam, a curiosidade para conhecer a história da de branco e preto.

Com a antiga árvore segura, a laranja e a cinza retomam a caminhada juntas. Elas olham para a de roxo, que acena concordando para que continuem como um par. Elas ainda têm muito o que discutir. Elas evitaram que um galho se quebrasse, mas seus próprios fardos ainda não foram espalhados.

DIA 62 NA TERRA

Jess Poyner

A colônia estava repleta de comemorações, pois hoje era dia de autonomeação de suas crianças. Meus anfitriões me disseram, há uma semana, que a criança se chamava Carlos, quando fui convidade pela primeira vez para a casa de sua família principal. A uma certa idade, geralmente por volta dos 12 anos, uma criança pode escolher um dia de nomeação onde ela apresenta o seu passado, presente e futuro à sua comunidade. Para algumas crianças isso acontece uma vez na vida. Para a maioria, o tempo de reflexão interior, contemplação e do relacionamento com sua comunidade é continuamente repetido e celebrado uma vez a cada cinco anos ou mais, após o primeiro dia da autonomeação.

Como convidade de honra, solicitaram-me que participasse das atividades matinais, compostas pelos círculos de louvor e crescimento. Aqui, os entes queridos da criança a presentearam com elogios e felicitações, grandes e pequenos, cada um materializado e entregue fisicamente através de um objeto, como, por exemplo, uma flor seca, um galho ou uma pedra que elu sentiu conter o elogio. Codificadas no objeto estavam as palavras calorosas que ecoaram na mente de quem o segurava. Eu próprio fiquei encantade por experimentar isto – no início do dia fechei as minhas garras em torno de uma pequena concha e a minha mente foi preenchida com uma imagem de luz solar intensa. Uma sensação calorosa e calma percorreu meu corpo enquanto as palavras de um acompanhante passavam pela minha cabeça:

- Eu amo como você me joga no ar tão alto quanto o Sol!

A risada ao final da gravação se transformou em realidade, quando ouvi a mesma risada irromper de uma criança pequena com um auréola de cabelo encaracolado, correndo enquanto a maior parte da comunidade estava sentada em círculo no tapete vermelho macio do corredor. Agradeci a atenção dxs convidades e por terem criado uma linda cadeira para eu me contorcer, em vez de ser forçade a me enrolar desconfortavelmente e sem apoio no tapete.

Em seguida foi o círculo de crescimento. Tive curiosidade para ver como humanes enunciavam os comentários sobre o crescimento – no nosso mundo, a "crítica construtiva" raramente é bem recebida. Continua a ser um processo assustador, principalmente limitado às análises de locais de trabalho, nas quais os olhos de pessoas criticadas saltam ansiosos pela sala, lutando para se concentrar.

* * *

Não é toda criança que prospera sob pressão. Embora os períodos de "crescimento" da cerimônia comecem de forma simples e calorosa, quando atingem o final da adolescência ou a idade adulta, grande parte da importância imbuída já teria sido eliminada pelos rancores.

Seria exigir demais de qualquer pessoa, independente da idade. Adultos garantiram-me que nenhuma criança foi obrigada a participar na cerimônia, mas quando um evento como este se liga de tal forma à chegada da puberdade e da maturidade, imagino que seja muito difícil resistir a esta pressão social. Tenho me questionado como é estar fora da norma, em especial em um lugar tão enraizado na tradição e no cerimonialismo.

A segunda palestra que vi foi de uma outra pessoa jovem da família, exemplificando exatamente esse problema. A criança era pequena, neste caso apenas 8 anos, mas era tão perspicaz e eloquente quanto uma criança de 15 anos. Adultos explicaram que, às vezes, os efeitos da edição genética séculos atrás reapareciam em sua linhagem. A maior parte da edição genética havia sido limitada às colônias, ao menos desde as guerras eugênicas. A resposta para questão ainda persistente daquele período horrível e sufocante da história humana era encontrar formas de integrar e reconstruir a confiança no que sobrou dos descendentes de todos os lados da guerra.

Sentamo-nos no círculo familiar e já recebemos cerca de cinco elogios quando 1 primo mais velho da criança se apresentou. Elu chegou aos 17 anos sem convocar a cerimônia de nomeação e era possível sentir o embrulho no estômago das pessoas mais velhas enquanto elu caminhava até a criança.

— Aqui vamos nós — elu disse, entregando um grande tijolo de barro cravejado com pequenas pedras do rio — Para meu primo favorito" – elu disse, com um sorriso malicioso. A criança sorriu de volta e recebeu o presente. Elu olhou para o vazio enquanto o sorriso desaparecia.

Hélia, nossa anfitriã do dia, se ergueu do chão e pegou a criança que havia começado a chorar, tirando-a do corredor. O tijolo caiu no chão e provocou um baque surdo. No momento em que eu estava me preparando para caminhar em direção ao adolescente e ter uma longa conversa com elu, um dos outros adolescentes se aproximou delu.

— Dylan — elu disse suavemente, — venha, vamos conversar. — O outro adolescente, Dylan, murmurou algo baixinho — Entendi, amigue, mas Amir parecia bastante arrasado. — Eu teria recuado diante do olhar que Dylan lançou para o adolescente que se aproximava, mas Dylan pegou a mão delu e segurou-a contra seu rosto. — Eu sei, mas estou aqui agora, estou com você agora. Podemos.... podemos apenas conversar, por favor? Dylan olhou para o tijolo cujo laranja terracota contrastava com os ricos tons vermelhos do tapete. Elu assentiu, levantou-se e ambxs saíram pelo corredor.

Olhei em volta para ver que a sala estava quase vazia; alguns se juntaram a Hélia para dar amor e apoio à criança. Os demais se encaminharam para o campo onde o sol se punha, lançando um brilho laranja no tapete de flores brancas.

Juntei-me à equipe externa e procurei Camila, outra anciã.

Antes que eu tivesse a chance de dizer qualquer coisa, ela começou a falar.

— Eu li seus relatórios sobre seus planetas... Aqueles a respeito das punições. Não é assim que fazemos as coisas por aqui. Tudo o que fazemos baseia-se em nossa crença de que a vida é sagrada, a vida é interdependente, a vida é crescimento. É por isso que a pessoa mais próxima de Dylan se aproximou para iniciar um processo de justiça curativa. Eu esperava que Dylan tivesse superado isso... — Elu deu de ombros e removeu cuidadosamente um pequeno besouro que havia feito morada em seus longos cabelos escuros. — Além disso — disse elu com um pequeno sorriso triste, — não sobraram muitos de nós para se preocupar com prisões.

UM MANIFESTO PARA O MAYHEM*

Margaret S. Malloch

**Mayhem, substantivo do inglês:*

1. Caos: substantivo: desordem violenta ou extrema;

2. *Mutilação*: substantivo: ato ou efeito de ferir ou mutilar maliciosamente alguém, originalmente para deixá-lo indefeso.

Olhe para nós.

Com nosso comportamento tranquilo e forte aparência de respeitabilidade.

Olhe com cuidado.

Nosso disfarce esconde corações rebeldes. A raiva (por enquanto) contida.

Estamos num ponto de viragem e a mudança é necessária. Dificuldades, sofrimento, pobreza, angústia... manipulação, por favor...

"vamos reimaginar um mundo melhor", "construir um novo amanhã", "seja a diferença". Slogans para um mundo onde as coisas são diferentes.

Para chegar lá... as coisas precisarão melhorar... ou piorar...

Podemos imaginar-nos numa sociedade onde todxs são valorizadxs e cuidadxs, ou será necessário a microgestão e o controle garantindo tudo em conformidade definitiva e esmagadora? Fingimos haver igualdade sem mudança.

Podemos desejar uma mudança de consciência fundamental e abrangente que nos permitirá levar a vida de maneiras diferentes?

continue sonhando

"Um outro mundo é possível"...

Talvez... quando eliminarmos a priorização do lucro na vida social; partilhar recursos e garantir que haja o suficiente para satisfazer as necessidades de todes.

"Ousar ser diferente"...

ao desconectar o Estado, sem escassez para mitigar.

Lembremos-nos de que...

"tudo é possível" à medida que trabalhamos coletivamente, nos livramos da burocracia e eliminamos as instituições punitivas do policiamento e da prisão.

Quando as pessoas são incentivadas a compartilhar, cuidar e se expressar como quiserem. Quando reformularmos a família nuclear, mas a comunidade for capaz de criar uma forma de distribuição e cuidado para todes, onde qualquer pessoa que necessite de apoio adicional o receberá daquel(a)es que a/os rodeiam, onde a esperança é nutrida e alimentada.

Não poderíamos nos comparar com as sociedades anteriores com as atuais prisões e punições, – e com as sociedades que virão depois – com a sua abordagem transformadora de...tudo?

Não podemos chegar lá sendo suaves, gentis, sorrindo e... outras palavras mais que ficam presas na garganta.

Não se quisermos virar o mundo do avesso e de cabeça para baixo e nada puder ficar como está.

Inspirando, escondendo a realidade da intenção assassina sob um verniz de arco-íris coloridos, *emojis* sorridentes e estofamento de veludo. Porque, tal como a realidade da "natureza", vermelha nos dentes e nas garras, a mudança que está por vir terá de ser afiada, limpa e pronta para revidar.

Ao caminhar pela cidade, qualquer cidade, o desespero não despedaça sua alma?

Os perdidos e os solitários, os abandonados e os desajeitados. É um espaço velho e sujo.

Esperança destruída, entregadores de aplicativos arriscando suas vidas para entregar merda em uma caixa.

A rotina podre de tentar ganhar a vida nas margens do mundo. Por que os céus acima da cidade não estão ressoando com os uivos e lamentos dos despossuídos, dos quase mortos e de todes nós assistindo almas afundando diante de nossos olhos? tão silenciosamente.

Pode sentir isso?

A raiva por dentro

Os gritos que abafamos, as caras que fazemos para superar tudo isso. Os olhares distraídos que lançamos.

Nós nos enganamos pensando que poderia ser diferente, que continuaríamos sendo legais, sorrindo... e talvez uma moeda da nossa culpa seja lançada em um copo de papelão enquanto corremos para algum lugar, qualquer outro lugar.

Mas chegou a hora de nos enfurecermos contra a máquina. Rasgar e começar de novo. Fazer o mundo virar de cabeça para baixo.

Vermelho nos dentes e garras.

O sangue fluirá. Muitos têm muito em que se agarrar e não vão desistir sem lutar. Precisamos estar prontos para essa luta.

A polícia está organizada, as forças da lei e da ordem estão firmemente alinhadas atrás dos poderosos – que já estão bem armados para a luta.

Precisamos fazer isso juntxs.

Filantropos de calças esfarrapadas, amantes de cabelos compridos, anarquistas, socialistas, revolucionárixs de todos os coletivos radicais, párias, foliões e todes que se juntam a nós pelo puro inferno... porque inferno será, até virarmos o mundo de cabeça para baixo e livrar-nos dos gananciosos, dos poderosos, daqueles que mantém funcionando os sistemas de dor e de grande injustiça.

Nós sabemos a verdade. A mudança necessária não será gentil e suave, com flores, corações e coisas fofas. E isso nos torna perigosos.

Sabemos que será um caos. Porque exigirá que os que estão no poder fiquem indefesos. Será necessário sitiar as suas instituições de destruição e de prisões da dor. E eles não vão abrir mão delas assim tão fácil.

E ficaremos surpresos com quantos de nós, com nosso comportamento tranquilo e corações rebeldes, estamos preparados para aparecer e agitar os punhos contra o Estado….

Estamos transformades – e faria bem buscar entender qual combinação de circunstâncias resultou nesta mudança fundamental e meteórica na consciência.

UTOPIAS CRÍTICAS:
Discussão

"[A abolição é,] em certo sentido, sempre transitória. Transição é uma palavra que você só pode entender realmente de algum lugar no qual ela seja necessária. É da natureza deste trabalho você não saber se vai chegar lá. Escrevi isso na minha primeira compreensão da abolição por meio de Thomas Mathiesen falando sobre "o inacabado". Você sabe o que está tentando fazer e sabe como está tentando fazer, mas nunca sabe o que vai fazer para chegar lá. Então é mais importante para mim saber o que se está tentando fazer do que agir com a sensação de que isso certamente o levará até lá. Penso que a ética da não-violência deve orientar, mas haverá compromissos ao longo do caminho, sempre haverá compromissos. Você nunca será capaz de prever todos os obstáculos que surgirão [ou] que o ponto de chegada está garantido; essa é a parte que é, em verdade, fantasia e irrealidade. Não quero nunca construir uma utopia que certamente chegará se você fizer X, Y e Z."

– Mike

Todas as histórias nesta seção exploram a complexa relação entre dano e violência, responsabilidade, raiva e vingança, e cura. Como já discutimos, as **Utopias Críticas** "*rejeitam a utopia como projeto, preservando-a como um sonho*". (1) Como tal, estas estórias não pretendem apresentar sociedades perfeitas, mas usam a ficção como um espaço para explorar as implicações de maneiras diferentes e melhores para vivermos juntes. Algumas destas estórias baseiam-se na aprendizagem de grupos envolvidos em processos de justiça transformativa, colectivos que poderiam ser vistos como encenando "*utopias cotidianas... criando a mudança que desejam viver, construindo e forjando novas formas de experienciar a vida social e política*". (2) Como explica Mariame Kaba, a justiça transformativa é "*um processo comunitário desenvolvido, em particular, por ativistas de cor anti-violência que criam respostas à violência e que fazem o que os sistemas de* *punição da justiça criminal não conseguem fazer: construir apoio e mais segurança para a pessoa prejudicada, descobrir como foi criado o contexto mais amplo para que esse dano acontecesse e como esse contexto pode ser alterado para que seja menos provável que esse dano aconteça novamente... Não se baseia na justiça punitiva, e na verdade, exige que desafiemos os nossos impulsos punitivos, ao mesmo tempo que priorizamos a cura, a reparação e a responsabilização."* (3)

Abordando um equívoco comum, escreve Kaba, "*embora abolicionistas defendam uma série de valores, princípios e ideias sobre a transformação, nunca conhecemos um/a abolicionista que pensasse que a melhor alternativa à prisão é não fazer nada. Acreditamos nas consequências dos danos.*" (4) No entanto, como observa Código S, abolicionistas trabalham contra a "primazia *social da vingança. Há uma razão pela qual ela é popular... Há uma razão pela qual gostamos de ver o 'bandido' ter que lidar com ela. Isso me faz pensar: o que esse processo de justiça restaurativa [e transfomativa] pode alcançar nos tipos de casos que mais precisam dela? Os casos mais graves são provavelmente aqueles que realmente necessitam de uma cura mais intensa e essa parece ser a prática à qual as pessoas se voltam, mas é também aí que as tensões se elevam...*"

Muitos processos de justiça transformativa abordam a violência sexual. Sobreviventes de violência sexual sempre foram mal atendidxs pelo sistema de justiça criminal, com a maioria dos incidentes não relatados, a maioria dos casos relatados não chegando a julgamento, e aqueles que o fazem, muitas vezes sobre-traumatizam sobreviventes ao mesmo tempo que não conseguem garantir condenações. (5) A justiça transformativa não pode ser vista como uma panaceia e os relatos de tais processos mostram que, embora este trabalho possa ser muito gratificante, é também complexo, demorado e difícil. (6) No entanto, como enfatiza Lamble,

> para mim, não desistir é o que distingue o/a abolicionista do/a não-abolicionista. Outros sistemas desistem de pessoas diferentes, em pontos distintos, mas a [ética] de que 'ninguém é descartável' traça uma linha a qual não se cruza – a linha da desistência –, não de uma forma utópica, na qual todos são bonzinhos e sorridentes, mas como um investimento para nunca se chegar à conclusão de que, '*em determinadas condições, as pessoas são descartáveis*'. É a remoção dessa condição.

Referindo-se ao conto *Momentos*, Jess refletiu sobre a necessidade de produzir mais materiais sobre violência sexual, abolição e justiça transformativa que reconheçam o desejo de vingança. Elu sentiu que a história apresentava um envolvimento realmente profundo e poderoso com a pergunta recorrente:

> 'ah, você é abolicionista, mas e os estupradores **(7)** e as pessoas que machucaram você?' e, é tipo, sim! Eu gostaria que nunca tivéssemos nos conhecido e talvez desejasse mal a eles e outras coisas, mas... ser capaz de ter um espaço para pensar sobre essas fantasias e talvez tirar algo ou explorar diferentes maneiras de sentir uma sensação de reempoderamento ou obter isso fora do seu sistema faz parte do processo.

Jess lembrou dos "*Vent Diagrams*", de Elizabeth Long, em *Beyond Survival* **(8)**, como uma ferramenta útil para abolicionistas trabalharem através de nossos desejos complexos e contraditórios de justiça e vingança após sermos feridos. Em um círculo está escrito "*quero que a pessoa que me violou tenha o amor comunitário e o apoio necessário para curar, transformar e ter as relações libertadas que todos merecem*", no outro, "*gostaria que o meu violador estivesse morto*", e o espaço de sobreposição entre ambos sem preenchimento. Como diz Jess, "*você pode viver no meio, não é sistema binário, e acho que essa história realmente resume isso e as dificuldades que todes temos em torno disso.*" Chris acrescentou que "*há algo poderoso na simulação, que* *permite dar espaço à plena expressão desses sentimentos, em vez de supor que, por termos esses sentimentos contraditórios, temos de experimentar uma versão intermediária equilibrada deles. Isso nos leva a explorar como vivenciamos plenamente a intensidade desses sentimentos e permitimos que eles sejam expressos."*

Lizzie e Phil discutiram como, para elus, escrever ficção era uma versão não futurística da simulação e uma estratégia que usavam para trabalhar os seus sentimentos sobre experiências traumáticas. Dave acrescentou que "*adorou o uso de um conceito de ficção científica para explorar coisas já muito presentes no mundo: lembrar e fantasiar... usar a ficção científica como uma ferramenta para iniciar uma conversa sobre algo que, no final das contas, não depende da tecnologia.*" River destacou que, para elu, o fato de que "*a Realidade Virtual não ter consequências no mundo real, faz com que ela não seja suficiente*". A Realidade Virtual abriria mão da responsabilidade em troca de catarse/paz?

A história de Fergus, *O Resoletum*, explorou o poder da natureza, especificamente o seu potencial para ajudar na cura, descrevendo o processo descrito na sua história como uma "*eco-tecnologia para a resolução de conflitos*". Ele descreve o ritual como baseado em processos de justiça restaurativa, mas com papéis "*mais móveis*" e "*não tentando ser puramente retrospectivo, mas também construindo uma comunidade e tentando chegar a algum lugar juntos.*" Ecoando críticas de que a justiça restaurativa requer processos de justiça transformativos originados em comunidades indígenas e tenta encaixá-las em um processo de justiça (inerentemente punitivo) mediado pelo Estado, (9) Koshka questionou quão móvel esse processo poderia ser, já que as pessoas envolvidas no processo têm papéis atribuídos (vítima, perpetrador, mediador) antes do processo começar. Elu teme que, narrativamente, a escolha das cores das roupas dos personagens tenha fixado ainda mais esses papéis por meio de seu simbolismo, por exemplo, no uso do laranja para a pessoa que cometeu algum "*erro ou dano [pelo] qual elus têm responsabilidade*", ressaltando que o laranja também é a cor associada ao uniforme dos prisioneiros dos EUA. Como a história mudaria se os papéis não fossem definidos antecipadamente?

Chris comentou sobre a potência que elu encontrou na última linha da história de Jess, *Dia 62 na Terra*, porque,

> Espera-se que relatos sobre uma sociedade que se livrou das prisões e que está fazendo justiça de forma diferente sejam escritos de forma bastante afirmativa e defensiva, mas naquele momento, a abolição é vivida como uma tragédia, a carceralidade como um luxo que a sociedade não pode mais pagar. Isso realmente desestabilizou algumas das suposições que fiz ao longo do caminho... é um texto lindo.

Conversamos muito sobre o personagem do primo da história de Jess, que Chris apelidou de "*pessoa inconveniente*" na utopia cujas ações causam desconforto a outres, mas também mostram as limitações de seu sistema. Sarah destacou o quão importante é criar personagens que tenham falhas e tomem decisões erradas em nossas utopias, assim como é importante resistir à narrativa de que certa(o)s prisioneir(a)os são mais dign(a)os de libertação do que outr(a)os – por exemplo: crianças, mulheres, pessoas trans e não-binárias, mães ou presos políticos – em nossa prática abolicionista, porque isso implica que outres pertencem a esse lugar. **(10)** Na história de Jess, Koshka adorou como,

> a 'pessoa inconveniente' é esboçada através de detalhes complexos onde ela não se sentiu capaz de se dar uma identidade que se enquadrasse naquela sociedade. Por um lado, traz à tona uma conexão entre causar danos, turbulência interna e falta de identidade segura, mas, por outro lado, a voz do narrador questiona a pressão em torno dessas normas, mesmo daquelas que parecem realmente positivas. Isso evita a patologização desse indivíduo e ajuda quem estiver lendo a se identificar com alguém que considera esse tipo de requisitos da 'roda de conversa' da era Blair um tanto passivo-agressivos

e paternalistas!

Jess comentou que a história foi parcialmente inspirada pelas complexidades da construção intencional de uma comunidade. Elu considera que algumas pessoas prosperam, enquanto outras nunca se sentem confortáveis com o nível esperado de partilha e união e que está tudo bem! No mundo que Jess construiu dentro da estória, a comunidade é uma colônia que sobreviveu após a aniquilação da maior parte de seu planeta, e elu pergunta se haveria outras "*colônias das quais esse adolescente poderia fazer parte, ou a comunidade terá que mudar para se adequar melhor às necessidades do adolescente?*" Acrescentando com humor autodepreciativo, "*obrigado por ter vindo ao meu TED-Talk!*" (Se Jess der uma palestra no TED, será incrível).

Refletindo sobre o processo de escrita da história, Jess comentou que foi difícil introduzir uma consequência não intencional do *novum* porque "*senti vontade de atacar a utopia, algo ruim tinha que acontecer e isso é meio triste, eu acho*". No entanto, elu nos lembra de algo importante: que nenhum lugar é utopia para todes e que não existe um sistema livre de desperdício ou dor, o que não significa que não devamos trabalhar para diminuir a quantidade de ambos neste mundo. Como Mariame Kaba reflete sobre a organização abolicionista, "*a esperança não exclui o sentimento de tristeza, frustração, raiva ou qualquer outra emoção que faça total sentido. Esperança não é uma emoção, sabe? Esperança não é otimismo... Eu a considero antes uma filosofia de vida, a esperança é uma disciplina e que temos que praticá-la todos os dias.*"(11)

TÓPICOS PARA DISCUSSÃO:

1. Reflita ou imagine uma ocasião em que você tenha causado mal a alguém. Elabore um ritual que o ajude a lidar com seu próprio comportamento prejudicial. Como você gostaria de ser apoiadx e responsabilizadx? Por quê?
2. Imagine como você representaria um processo de justiça transformativa onde participantes não têm papéis fixos?
3. Jess se perguntou sobre as implicações éticas das simulações. Citando alguns exemplos de notícias recentes, falou sobre uma Realidade Virtual onde uma mãe pode passar algum tempo com uma simulação de um/a filha/o morta/o, ou o uso da Realidade Virtual para prisioneiros que cumprem penas longas. Você acha que há implicações éticas a serem consideradas ao se envolver com simulações de Realidade Virtual como terapia para o trauma?

Notas:

(1) Moylan, *Demand the Impossible; Science Fiction and the Utopian Imagination,* 10.
(2) Davina Cooper, *Everyday Utopias: The Conceptual Life of Promising Spaces* (Durham: Duke University Press, 2013), 2; Molly Ackhurst, "Momentos Diários de Disrupção: Navegando em Direção à Utopia", *Estudos em Artes e Humanidades 5*, no. 1 (2019): 115–28, https://doi.org/10.18193/sah.v5i1.169.
(3) Kaba, We Do This 'Til We Free Us, 59.
(4) Kabá, 137.
(5) Lola Olufemi, "The Answer to Sexual Violence Is Not More Prisons", em *Feminism, Interrupted: Disrupting Power* (Londres: Pluto Press, 2020), 109–21.
(6) Chrysalis Collective, "Beautiful, Difficult, Powerful: Ending Sexual

Assault Through Transformative Justice", em *The Revolution Starts At Home: Confronting Intimate Violence Within Activist Communities*, ed. C Chen, J Dulani e L Piepzna-Samarasinha (Nova York: South End Press, 2011), 188–205.

(7) Existem dois zines úteis com eAnarchist Approaches
to Crime & Justiceste título: *(A)legal, Chrysalis Collective e CrimethInc, What about the Rapists?* Anarchist Approaches to Crime & Justice, 5 (Dysophia, 2014),
https://archive.org/details/whatabouttherapists/page/n1/mode/2up;
Mariame Kaba e Eva Nagao, *What About The Rapists?, Abolitionist FAQ Series* (Interrupting Criminalization, 2021),
chrome-extension://efaidnbmnnnibpcajpcglclefindmkaj/https://static1.
squarespace.com/static/5ee39ec764dbd7179cf1243c/t/6109e65d5a8ce5646
4ff94 eb/1628038750972/WATR+Zine.pdf.

(8) 'Vent Diagrams' são baseados em um projeto de EM/Elana Eisen-Markowitz e Rachel Schragis. Elizabeth Long, "Vent Diagrams as Healing Practice," in Beyond Survival: Strategies and Stories from the Transformative Justice Movement, ed. Ejeris Dixon e Leah Lakshmi Piepzna-Samarasinha (Chico, CA: AK Press, 2020), 209–19.

(9) Por exemplo: "O sistema de 'justiça' utiliza a linguagem da justiça curativa e restaurativa, mas sem implementar as mudanças necessárias que alterariam o sistema a partir de dentro. A única mudança está na retórica utilizada, não na mudança da base de valores dos programas e do sistema como um todo. Por exemplo, a restituição e a liberdade condicional são agora acrescentadas a penas longas, não como alternativas reais de substituição ao encarceramento" L. Ben-Moshe, "The Tension Between Abolition and Reform," 89.

(10) Para uma exploração brilhante dos "perigos da defesa da inocência", leia: Ruth Wilson Gilmore, "Abolition Geography and the Problem of Innocence", em *Futures of Black Radicalism*, ed. Gaye Theresa Johnson e Alex Lubin (Londres: Verso Books, 2017), 225–40.

(11) Kaba, We Do This 'Til We Free Us, 26–27.

ESCRITA

Nesta seção apresentamos alguns exercícios de escrita criativa que você pode se interessar. Eles estão organizados com base no tempo que levam para serem executados. Sempre que for conhecida a origem do exercício nós trazemos sua referência.

EXERCÍCIOS DE AQUECIMENTO

(MÁXIMO 10 MINUTOS)

HISTÓRIA DO ALFABETO

Escreva as letras do alfabeto em uma página: A, B, C, D etc. Conte uma história sobre qualquer coisa que você goste, onde cada palavra vem de uma letra do alfabeto (em sequência).

HISTÓRIA DO DICIONÁRIO

Escolha quatro palavras aleatórias de um dicionário e escreva um texto com aproximadamente 100 palavras, incluindo as quatro palavras.

VOCÊ FEZ O QUÊ?

Descreva algo que aconteceu no fim de semana usando 50 palavras, todas com apenas uma sílaba.

CONTINUE A FRASE

Comece com uma frase como "Ela gostaria que ele tivesse se lembrado de..." ou "As portas finalmente se abriram e ela entrou...", e continue escrevendo a história por cinco minutos.

LIPOGRAMA (ESCRITA LIMITADA)

Escreva um trecho sobre qualquer assunto sem usar a letra E ou A. Esse exercício foi popularizado e batizado pelo grupo Oulipo. Depois de escrever sua passagem, maravilhe-se ao ver como George Perec, membro do Oulipo, escreveu um romance inteiro em francês sem usar a letra E! *La Disparition* (1969), traduzido para o português como *O Sumiço* por Zéfere (2015).

COMO ERAM OS CÉUS QUANDO VOCÊ ERA JOVEM?

Descreva a cor do céu sem usar a palavra "azul".

POESIA BLACKOUT

Escolha um texto que você tenha impresso (um texto que não tenha sido escrito por você). Trabalhe instintivamente para destacar palavras dentro dele e criar um poema. Isso funciona melhor quando você segue a ordem original das palavras, muitas vezes produzindo frases bastante sugestivas. O poema evocativo de Koshka Duff, na próxima seção, começou como um poema de blackout.

EXERCÍCIOS RÁPIDOS

(10-20 MINUTOS)

ESCRITA SENSORIAL

Parte um: escreva a primeira recordação nítida que lhe vem à mente (não a sua memória mais antiga) associando: a) quatro sons (por exemplo, chinelos rangendo na água); b) quatro sabores (por exemplo, torrada queimada); c) quatro cheiros (por exemplo, água sanitária); d) quatro texturas (por exemplo, lã). Escreva logo, o importante é não pensar demais na sua resposta.

Parte dois: Agora escolha um destes elementos e escreva um pouco mais sobre essa memória por cinco minutos. Tente se concentrar na descrição dos aspectos sensoriais da memória. (15 minutos para escrever, cinco para compartilhar).

ESBOÇO DO PERSONAGEM

Pense em alguém que você conhece ou em um personagem de um livro ou filme. Escreva um esboço usando objetos, clima, paisagem, etc. para criar uma imagem de como a personagem é. Não use nenhuma comparação do tipo "ela era como" ou "ela parece com" etc. Este exercício é de *The Art of Fiction* (1984), de John Gardiner.

MUDE O PONTO DE VISTA

Reescreva uma cena de uma história bem conhecida, mas de uma nova perspectiva, por exemplo: um apostador na cena do café em *Pulp Fiction*, ou a luta entre Luke Skywalker e Darth Vader em *O Império Contra-Ataca*, mas da perspectiva de um de seus sabres de luz.

EU ESTAVA LÁ

Imagine seu personagem lendo um artigo no jornal sobre um evento que ele realmente testemunhou. Deixe ao leitor/a ver a diferença entre o evento relatado e a verdade por trás da versão que elu leu. Conte a história inteiramente através do diálogo de duas personagens. Este exercício foi adaptado de uma oficina conduzida por Season Butler para o New Suns Festival, no *Barbican Centre* (2021).

SEJA DESLUMBRANTE

Escreva um parágrafo (sobre qualquer assunto) e leia em voz alta. Use onomatopeia, aliteração, repetição, efeitos rítmicos, palavras ou nomes inventados, efeitos sonoros de dialeto, mas não utilize rima ou métrica. Este exercício, que pode ser adequado para escritores confiantes, é de *Steering the Craft*, de Ursula K Le Guin (2015).

EXERCÍCIOS MAIS LONGOS

(20+ MINUTOS)

NOVUM

Este exercício foi adaptado de um exercício que Phil aprendeu com Michael Deerwater – pesquisador de ficção científica e escritor extraordinário. Foi a base de muitas das histórias deste livro, como por exemplo, *O PARC*, *O Resoletum* e o *Dia 62 na Terra*. Você pode fazer isso sozinhx ou em grupo. Está dividido em duas partes e funciona bem se você liberar algum tempo entre as tentativas.

Parte um: reserve um tempo sozinhx para refletir sobre um *novum*, algo como "as prisões não existem mais porque..." (algo novo, negativo ou positivo, que aconteceu). Descreva como é o mundo desde a perspectiva de um estrangeiro ou de um alienígena (aquele cujo mundo não funciona da mesma maneira) que acabou de chegar à Terra do futuro.

CONSIDERAR:

O que mudou e o que não mudou na sociedade como resultado deste *novum*?

Como as pessoas vivem em consequência disso?

Quais são as consequências para os ecossistemas e para a vida não humana?

Ao escrever, concentre-se nas descrições e no impacto sobre os sentidos, escreve possíveis diálogos ou ainda uma lista de temas. Lembre-se que você pode dizer muito sobre uma sociedade a partir de uma pequena conversa em uma cafeteria, então, não sinta necessidade de exagerar e descrever tudo no nível da estrutura social. 20 minutos para fazer isso.

Parte dois:

Escolha um problema específico criado por causa deste *novum*. Crie um/a protagonista que, de alguma forma, perceba isso. Pense no que elus farão a respeito. Elu é um herói? De que tipo? Decida se elu terá sucesso e por quê (não)? Escreva! (15 minutos para escrever. Discuta na sequência)

GRADE E CENA

Isso funciona bem como um exercício de grupo. Pegue um pedaço grande de papel e desenhe uma grade 3 x 4. Peça ao grupo para apresentar quatro sugestões de personagens e preencha-os nas caixas da linha superior. Um exemplo de personagem pode ser uma Inteligência Artificial (clichês de ficção científica são ótimos). Na segunda linha, adicione quatro sugestões para objetos/coisas, como, por exemplo, uma vacina. E, no resultado final, adicione quatro cenários, por exemplo fazendo o jantar. Seja em grupo ou individualmente, escolha algo de cada uma das linhas e combine-as para escrever uma cena em que sua personagem tenha que tomar uma decisão difícil sobre algo. Se você não quiser escrever uma cena, você pode trabalhar em pares ou continuar trabalhando em grupo para ter algumas ideias sobre o que inicia a história e/ou age como um catalisador. Onde está a tensão na cena? Este exercício é muito divertido e serviu de base para várias histórias, como, por exemplo, *A semente*, *Blitz das Feras* e *Uma Malha Fina* [20 minutos]

MAPEAMENTO COLETIVO

Pegue um grande pedaço de papel, canetas, post-its, etc. e faça um mapeamento coletivo de como você espera que seja um mundo mais justo/um mundo sem prisões, ou algumas das coisas que precisamos reimaginar como parte desse mundo. É útil refletir sobre os desafios atuais, mas não se sinta limitadx pelo realismo. Tente pensar de forma utópica! Dê às pessoas algum tempo para pensar e escrever, tempo para ler as sugestões de outras pessoas e se inspirar para adicionar mais sugestões e, em seguida, tempo para conversar sobre o que você adicionou ao mapa.

O LADRÃO DO TEMPO

Leia a seguinte citação de Ruth Wilson Gilmore e, em seguida, escreva livremente (apenas escreva, não edite) sobre viagem no tempo:

> Costumávamos pensar que nos Estados Unidos a não-liberdade em massa contemporânea, racialmente organizada, era uma recapitulação do modo escravocrata de produzir dinheiro. Mas se estas instituições carcerárias massivas, tão pesadas quanto cidades, não são fábricas ou centros de serviços, onde está o lucro, a mais-valia, no finald o dia? As prisões de hoje são extrativistas. O que isso significa?Significa

que as prisões permitem que o dinheiro se desloque devido à inatividade forçada das pessoas nelas presas. Significa que pessoas que são extraídas das comunidades, e pessoas que retornam às comunidades, mas não têm o direito a elas, permitem a circulação do dinheiro em ciclos rápidos. O que é extraído dos extraídos é o recurso do tempo-vida. **(1)**

MATE OS SEUS PERSONAGENS QUERIDOS

Escreva um monólogo apresentando uma posição filosófica/política/ética que você tende a concordar, mas apresente-a através de uma personagem e em um contexto que modifique ou enfraqueça sua posição. Ah! Este exercício é de *The Art of Fiction* (1984), de John Gardiner.

Nota

(1) Gilmore, "Geografia da Abolição e o Problema da Inocência", p.4. Original em: JOHNSON, G. T.; LUBIN, A. (eds.). Futures of Black Radicalism. New York: Verso, 2017, pp. 225-240. Tradução por Margarida Nogueira. Disponível em: https://traducoesabolicionistas.com/2022/10/11/geografia-da-abolicao-e-o-problema-da-inocencia/

AGORA

Koshka Duff

Agora
deixar a lei
a boca dele
        peças
                piscina
                        em tudo

louco bandido
de maneira
passado seguro

direto como
em desconcertante
fricativa abaixo
minha palma

laranja
noite sua
retrovisor

nivelado com
perambular com
        o problema

dentro de

uma palavra
nós murmuramos
nos bagunça

irado
ferida aberta
        cidades ainda
tangível estamos

verdade niveladora
suculenta super
        sólida limonada

absolvições da dor

POSSÍVEL ESTRUTURA PARA UM WORKSHOP

A seguir apresentamos uma estrutura possível para uma oficina de escrita criativa em duas sessões. Cada sessão deverá ter no máximo duas horas de duração. Apresentamos essa proposta de estrutura caso você nunca tenha realizado uma oficina de escrita criativa antes e/ou se achar que os modelos são úteis.

PREPARAÇÃO:

Traga canetas, papel, lanches. É útil fazer com que as pessoas leiam antecipadamente alguma ficção científica carregada no tema da justiça para ajudar o fluxo da conversa. Lemos os trechos de *Woman on the Edge of Time* (1976), de Marge Piercy, e *84k* (2018), de Claire North. Você também pode usar algumas das histórias desta coleção. Mais contos para ler e discutir:

The Cold Calculations (2021), Aimee Ogden
Aqueles que se afastam de Omelas (1973), Ursula K. Le Guin
The Ones Who Stay and Fight (2018), N.K Jemisin (escrito em resposta para Le Guin. Leia-os juntos!?)
Watchbird (1953), Robert Sheckley
The Girl Who Was Plugged In (1973), James Tiptree Jr.

SESSÃO 1 (LEMBRE-SE DE FAZER ALGUMAS PAUSAS)

QUEBRANDO O GELO:

Um bom quebra-gelo é fazer com que as pessoas recomendem um livro que elas realmente apreciam, seja de ficção científica ou focado no abolicionismo (você pode fazer com que as pessoas preparem isso com antecedência). Isto evita que as pessoas sintam que têm de divulgar informações pessoais sobre a sua experiência no sistema de justiça. Você pode ver os livros que recomendamos no site do projeto: abolitionscifi.org/recommendedreading/

EXERCÍCIO DE AQUECIMENTO (MÁXIMO 10 MINUTOS):

Mergulhe de cabeça, aqueça o cérebro e as mãos! Pode ser divertido compartilhar os exercícios a seguir, caso as pessoas se sintam confortáveis em fazê-lo. Fizemos poesia blackout com as pessoas usando contos que leram e outros pedaços de papel espalhados. É um exercício rápido e irregular, mas pode levar a um trabalho realmente interessante e provocativo. Por exemplo, o poema de Koshka, apresentado na secção anterior, partiu deste exercício e "colidiu" com uma outra ideia – como elu tinha em mente. Koshka também usou um princípio de estruturação "*atrevido*": 1 linha, 3 linhas, 1 linha, 2 linhas (em referência ao lema ACAB (*All Cops All Bastards*) [Todos os policiais são bastardos]. (1)

DISCUSSÃO (MÁXIMO 30 MINUTOS):

Fale sobre uma/algumas/todas as histórias que você leu antes daqui. O que elas têm a dizer sobre justiça? Faça com que as pessoas leiam passagens que as interessaram.

EXERCÍCIO RÁPIDO (10-20 MINUTOS):

Há muitos exercícios que você pode tentar aqui. Fizemos algumas escritas sensoriais que pareciam ajudar as pessoas a entrarem em um espaço mental mais contemplativo e criativo. Seja como for, reserve algum tempo para falar sobre como as pessoas descobriram e sobre o que escreveram, especialmente se forem novas na escrita criativa.

EXERCÍCIO RÁPIDO (10-20 MINUTOS):

Você pode tentar o exercício EU ESTAVA LÁ para desenvolver habilidades de redação de diálogos.

EXERCÍCIO MAIS LONGO (20+ MINUTOS):

Fizemos a primeira parte do exercício *novum* aqui. Deixamos tempo para as pessoas falarem sobre isso depois.

Nota

(1) Koshka editou um ótimo livro sobre este assunto: Koshka Duff, ed., *Abolishing the Police: An Illustrated Introduction* (Birmingham: Dog Section Press, 2021).

SESSÃO DOIS (LEMBRE-SE DE FAZER ALGUMAS PAUSAS)

É uma boa ideia perguntar a todes como estão.

EXERCÍCIO DE AQUECIMENTO (MÁXIMO 10 MINUTOS):

O que você quiser!

EXERCÍCIO MAIS LONGO (20+ MINUTOS):

Você poderia tentar GRADE E CENA aqui, o que acha? Funcionou muito bem e foi uma atividade divertida em grupo.

EXERCÍCIO MAIS LONGO (20+ MINUTOS):

O mapeamento coletivo e a discussão sobre como poderia ser um futuro mais justo podem ajudar a inspirar as pessoas e a descobrir a identidade coletiva do grupo.

EXERCÍCIO MAIS LONGO (20+ MINUTOS):

Fizemos a segunda parte do exercício do *novum* aqui, deixando tempo para as pessoas falarem sobre ele depois.

AGRADECIMENTOS

Para mais informações sobre o projeto e outros recursos, consulte:

Em português: igrakniga.com/scifiabolicionista

Em inglês: abolitionscifi.org

Agradecemos a todes que contribuíram para o projeto: Aaron Gronstal, Amy, Anonymous, Ariane Critchley, Arlo Sims, Cara Jardine, Chris Rossdale, Dave, Fergus McNeill, Hussein Mitha, Jess Poyner, John Moore, Josie Tothill, Katherine MacKinnon, Koshka Duff, Sarah Lamble, Lizzie Hughes, Margaret S. Malloch, Martha O'Carroll, Mike Nellis, Nick Smith, Rachel Tynan, Ren Wednesday, Richard C. Quorum, River Ellen MacAskill, Rhys Machold, Sarah Armstrong, SCode, Thomas Abercromby e Temitope Mayomi.

Phil também deseja agradecer a Mike Deerwater, Andy Smith e Zoe Strachan, da Universidade de Glasgow; Lars Cornelissen, Despoina Livieratou e Stuart Wilson, da Independent Social Research Foundation; Molly Ackhurst, Lisa Bradley e Miranda Iossifidis, pelo entusiasmo e conversas inspiradoras. Obrigada, como sempre, a Matt Mahon, por tudo.

Dados Internacionais de Catalogação na Publicação (CIP)
(Câmara Brasileira do Livro, SP, Brasil)

Sci-fi abolicionista / organização Phil Crockett
Thomas ; tradução Allan Rodrigo de Campos
Silva. -- São Paulo : Ed. dos Autores, 2024.

Vários autores.
Título original: Abolitionist sci-fi, 2022.
ISBN 978-65-00-91424-5

1. Ficção científica inglesa
I. Crockett Thomas, Phil

24-189425 CDD-823.914

Índices para catálogo sistemático:

1. Ficção científica : Literatura inglesa 823.914

Tábata Alves da Silva - Bibliotecária - CRB-8/9253